実務が必ずうまくいく
指導主事の仕事術
55の心得

竹内 弘明 著
Takeuchi Hiroaki

明治図書

はじめに

現場で教員をしていても，教育委員会のことはよくわかりません。
偉い人がいて教職員や学校を管理しているところ？
指導主事は研究会等で指導助言をする教育に精通した人？
教育委員会は教職員の任命権者ですし，学校の設置者ですからよくわかりませんでは困るのですが，学校現場ではそんなことを考えている余裕はありません。授業や学級経営，生徒指導や部活動の指導等々，日々目の前の子どもたちのために奔走し，一方で学校の特色化や教育課程の編成等，学校運営のためにも尽力しています。

そんなある日，管理職から「指導主事になってはどうか」と話があります。これまで考えたことのなかった教育委員会。どんなところかよくわからないものの，いろいろと悩んだ末に挑戦してみようと決心します。

４月１日，辞令を受け，今日から指導主事。「さあがんばろう」と思ったものの，最初は何をどうしたらよいかわかりません。担当の仕事についてファイルに目を通すも，起案だの決裁だの，予算がどうで規則がこうで…，そもそも何の話をしているのか言葉もわかりません。
学校現場ではそれなりに仕事はできると思っていたものの，教育委員会は勝手が違います。現場では有能で，周囲から嘱望されている人でも，指導主事になったとたん右往左往。何をどうしたらよいかわかりません。
指導主事は専門的教育職員？　いやいやどこが専門的なのか，一気に自信がなくなってしまいます。

このような思いは，どの指導主事も経験してきたことです。あなたの上司も通ってきた道です。最初から指導主事の仕事ができる人はいません。しかし，右も左もわからなかった新米指導主事も，やがて一人前の指導主事になり，主任指導主事，係長となっていくのです。

本書では，指導主事が仕事を進めるうえで大切にしたいことをできるだけ具体的に紹介しています。また，単に指導主事の仕事だけでなく，将来学校管理職として仕事をするときのために，指導主事時代に学んでおくべきことも記しました。

ここに記したことは，筆者自身が16年間教育行政に身を置く中で上司や先輩から教えていただいたことです。

時代は変わり，令和の時代になりました。働き方改革も進められています。平成の時代の指導主事の仕事の仕方はもう古いのかもしれませんが，筆者が上司や先輩から学んできた仕事術は決して色あせることはないと思っており，次代につなぐバトンとして書かせていただきました。

今，管理職や指導主事を志す方が減っています。

現代は変化の激しい時代，先の読めないVUCA（Volatility：変動性，Uncertainty：不確実性，Complexity：複雑性，Ambiguity：曖昧性）の時代です。価値観は多様化し，絶対解が見いだせないことも多くなりました。

教育課題が山積する中，アカウンタビリティやコンプライアンスを求められ，管理職や教育委員会の責任は重大で，指導主事の魅力も見えにくくなっています。しかし，教育課題が山積しているからこそ，やりがいも大きいのです。

筆者も指導主事をはじめ，教育委員会では苦労しました。自信がなくなることも多々ありました。しかし，指導主事時代の苦労は必ず将来大きな力となります。本書が指導主事の職務遂行の一助となれば幸いです。

2024年２月

竹内　弘明

Contents

第１章　新任指導主事の心得

第２章　新任指導主事の実務の心得

第3章 行政の仕事の心得

第4章 学校現場との信頼関係構築の心得

第5章 関係機関との連携の心得

第6章 日々の業務の心得

第１章
新任指導主事の心得

Chapter 1

1 指導主事になろうと決意したときの気持ちを忘れない

４月１日の辞令交付式。
緊張の中で辞令を手にする。心中は希望と不安が交錯する。
「大変な仕事だけどがんばろう」の思いをずっと大切にしたい。

教師から指導主事へ

子どもたちと一緒に活動し，運動会や修学旅行等の学校行事や部活動に燃える。様々なドラマがあり，多くの感動をともにしながら子どもたちの成長を見守っていく。

そんな仕事にあこがれを感じ，教師になったことと思います。

最初から指導主事になりたいと思って教師になった人は恐らくいないでしょう。中堅教員になったころ，校長が指導主事試験を紹介したり，指導主事になってみないかと声がかかったりします（自治体によります）。

指導主事の訪問指導や研修会での指導助言等は見ていたけれど，「自分が指導主事に…」とは考えたこともなかったと思います。

校長の話を聞き，指導主事の仕事に関心をもち，少し調べてみると，研究会で指導助言をするだけではなく，教育委員会の中でいろいろな仕事をしているんだなと，おぼろげに見えてきます。自分にもできるのだろうか，と考え，いろいろと悩み始めます。

職員室では，教員同士で教育談義をします。これからの教育はこうじゃないとダメだよね。いやいやそこはもっと思いきって取り組まないと教育は変わらないよ，などなど，議論がヒートアップして，教育制度や教育改革など大きな話になっていくこともあるでしょう。

教育委員会へ行き，指導主事として教育行政に関わることで，今の教育を変えていくことができる。指導主事はそんなダイナミックな仕事ができるんだとわかり，悩みが前向きな気持ちに変わっていきます。

決意を心にとどめる

しかし，教育委員会へ行けば，子どもたちと関わることができなくなります。教師の仕事は，子どもたちの成長を支援することです。その中でともに笑い，ともに涙し，ときに騙され，ときに憤り，大きな感動を味わってきました。教育委員会へ行けば，そんな教師のやりがいがなくなります。

でも，それ以上のやりがいがあるはず。教育を変えていくことが，ひいては子どもたちのためになる。目の前のこの子どもたちはかわいい。でも，もっと多くの子どもたちの笑顔のために大きな仕事をすることができます。

このようにして，後ろ髪を引かれながらも現場を離れる決心をしたあの日のことを，しっかりと覚えておきましょう。

今日，辞令を手にして，「指導主事になる」と決心したあの日の思いを実現するための第一歩を踏み出します。

「現場に残してきた子どもたちのためにも，これからどんなに辛いこと，苦しいことがあってもがんばるぞ」と決意を新たにしましょう。

その思いを忘れなければ，きっとよい仕事ができ，よい指導主事になることができます。

**指導主事になろうと決意したときの気持ち。
そのときの熱い思いと，子どもたちとの惜別の情は，指導主事になっても心の拠り所としてもっておこう。**

2 先生と指導主事の違いを自覚する

指導主事は先生ではない。行政マンであることを自覚したい。学校教育に関する専門的事項の指導に関する事務に従事する事務局職員になる。

「先生」と呼ばない

事務局に入ると，先輩指導主事がたくさんいます。元学校の先生という人ばかりです。最初はついつい「○○先生」と呼んでしまいます。

しかし，先生と呼ぶのはやめましょう。

多くは充て指導主事で，身分は教員，教育職です。しかし，**もう先生ではなく，事務局職員**です。「○○さん」と呼びましょう。

学校現場では，先輩も後輩もみんな○○先生，△△先生と呼んでいます。でも，事務局の中ではみんな事務局職員です。さんづけで呼ぶことで「自分ももう先生ではない。事務局職員なんだ」という自覚をもちましょう。

教育に対する識見をもつ

指導主事の辞令を受け取り，指導主事になったからといって，すぐに指導主事の仕事ができるわけではありません。指導主事になるための努力が必要です。その第一は勉強です。指導主事は教育に関する識見を有し，学校教育に関する専門的事項について教養と経験がある者です。しかし，自分の教員時代を振り返ってみると，日々の授業や学級経営に追われ，教育に関する勉強はできていません。指導主事試験を受けるときに勉強はしたものの，人に指導助言できるだけの深い勉強はできていません。

ましてや，今自分が担当している仕事の多くは学校現場にいたときには経験したことがありません。その経験のない業務についても指導助言をする立場です。**まずはそういった専門的事項についてしっかり勉強すること**です。

地方教育行政の組織及び運営に関する法律
第18条
3　指導主事は，上司の命を受け，学校における教育課程，学習指導その他学校教育に関する専門的事項の指導に関する事務に従事する。
4　指導主事は，教育に関し識見を有し，かつ，学校における教育課程，学習指導その他学校教育に関する専門的事項について教養と経験がある者でなければならない。

組織を知る

教育委員会というのは大きな組織です。教育委員会事務局にはいくつかの課があり，また各課の中にはいくつかの係等があります。さらに，地方組織や所管の組織等があります。教育委員会事務局のトップには教育長がいますが，教育委員会は合議体の組織です。自治体のトップには首長がいます。首長部局との仕事の棲み分けもあります。今，自分が所属している部署はどの組織のどの立場にあるのか，自分の上司のその上の方はどのようになっているのか。**自分の部署だけでなく，教育委員会はもとより，首長部局も含め早く組織を知ること**です。

指導主事は事務局職員であるという自覚をもつとともに，教育に関する勉強を重ねること。あわせて，教育委員会や首長部局の組織を知ることで，仕事をスムーズに進めることができる。

3 教育法規に強くなる

教育行政は法律や条令，規則等が基盤となる。
指導主事は法令や規則，これまでの通知を基に指導を行う。
それらを知らずして学校現場での指導はできない。

教育法規はすべての基盤

教員時代，教育法規を意識することはほとんどありません。教員採用試験時に勉強した後は，必要となる場面はほぼなかったのではないでしょうか。

学校の仕事が法律でどのように規定され，教育委員会の規則でどう対応しなければいけないか。そのようなことは管理職や部長・主任が指示してくれるので，自分から意識して教育法規を読むということはないと思います。

しかし，教育行政は違います。教育法規に則って仕事を進めていきます。学校の教育活動も教育法規に基づいて行います。国の法律や政令，省令，告示や自治体の条例，規則等を基盤としながら取組を進めていきます。

つまり，法律主義です。**常に基になる法令や通知等を意識しておく必要がある**のです。

指導主事には，学校や校長からよく相談があります。「こんなことをしたいけど，どうですか？」「なぜこんなことをしないといけないのですか？」

それらに対して「よくわからないので…」では頼りない話です。きちんと回答できるよう勉強しておく必要があります。

勉強することはたくさんありますが，教育法規が基本です。指導主事試験でも教育法規は必須ですが，それは実際の業務に必要だからです。しっかり勉強しましょう。

知識をアップデートする

各自治体には教育法令集があります。国法編と自治体の条例規則編の２冊組が多いと思いますが，教育関係の通知集もあると思います。指導主事は皆それを持ち，日々そこに根拠を求めながら仕事をしています。

その教育法令集を座右の書とし，自分なりにカスタマイズすることです。

インデックスタブは，既存のものでなく，自分のよく使うところを中心に新たにつくります。常に根拠を法令集で確認し，大切なところはマーカーを引きます。付箋もつけます。ここまではよくすると思います。

教育法規に強くなるポイントは，**教育法令集の改訂後の取組**です。

法令集や通知集はおおよそ数年ごとに改訂され，次の版が発行されます。このときに，以前のものを次の版に引き継ぐのです。そうすると，改訂のたびにインデックスタブは増えていきます。また，マーカーのラインも同じところに引きます。

この作業は時間がかかりますが，これをしておくと，必要なところをすぐに開くことができるようになります。

また，重要なところは数年に一度はマーカーを引き直すことになるので，頭に入ってきます。法律等が改訂されたことも，引き直すことでよくわかります。部署が変わっても，以前の部署でよく見ていた箇所のマーカーを引き直すのでずっと覚えています。こうしていくと，総合的に法令や通知がいつも頭に入っている状態が続くのでおすすめです。

教育法令集は指導主事の座右の書。
常に法令や通知の根拠を確認しながら仕事をしよう。
改版時にタブのつけ替えやマーカーの引き直しをすると効果抜群。

4 プライドと謙虚さを兼ね備える

指導主事になったからといっても，最初は何もわからない。
学校からの問い合わせに満足な対応ができず自信もなくなる。
しかし，指導主事のプライドをもち，前を向こう。

指導主事のプライド

指導主事の仕事は多種多様で，多くは教員時代とはまったく違う仕事です。

一日中パソコンに向かう事務仕事。要領がわからず右往左往し，学校や他部署からの問い合わせには聞いたことのない単語が飛び交い，意味不明。一方で，先輩は淡々と仕事を進めており，どうすればそんなふうになれるのか…。

だれしも一度や二度は指導主事の仕事に自信をなくすものです。

でも，そこはプライドをもってください。

あなたは指導主事になれると思ったから校長はあなたを推薦し，試験で合格したのです。頼もしい先輩指導主事も新米指導主事のころがあり，同じように右往左往し，自信もなくしていたのです。

まずはできることを１つずつ増やしていきましょう。問い合わせでわからないことは折り返し返事をさせてもらうこととし，その間に先輩に教えてもらいましょう。決裁の書き方がわからなければ，隣の先輩に聞いて教えてもらいましょう。出張の申請も復命の書き方も，わからなければどんどん聞きましょう。そこはプライドを捨てるところです。**謙虚に学ぶ姿勢をもって教えてもらいましょう。**

指導主事のプライドは，自分を奮い立たせるために使いましょう。

「こんなことでくじけてどうする，自信をなくしてどうする」「先輩方もこんな時代があった，自分だってできるはず」「できることから１つずつがんばっていけばいいんだ」と自分を鼓舞するためのプライドです。

プライドをもち過ぎない

自分を鼓舞するためにプライドをもつのは大切ですが，プライドをもち過ぎるのはよくありません。プライドが高くなり過ぎ，高慢になると，人は離れていきます。

事務局には，校長や教頭がよく頼み事をしに来ます。「そこを何とか」と，指導主事に対して校長が頭を下げて頼み事をするのです。それを勘違いしないことです。**校長はあなた個人に頭を下げているのではなく，あなたのポジション，その机に対して頭を下げている**のです。学校運営のことを何もわかっていないあなたに一国一城の主である校長が頭を下げるのは，あなたがその担当者だからです。そのことをしっかり自覚しておきましょう。

学校現場の教職員と接するときも，ついつい上から目線になってしまいやすいので気をつけましょう。教育行政に携わると一気に見える世界が広がり，学校現場の教職員の話を歯がゆく思うことがあります。「いやいや，そうじゃないよ…」とついつい言いたくなることもあります。

しかし，教育論の押し売りは，学校現場には受け入れられません。**「これはどうなの？」と聞かれてから答えるくらいの謙虚さをもちましょう。**

**自分を鼓舞するために指導主事のプライドは必要。自信をなくしそうなとき，負けそうなときは，プライドをもってがんばろう。
それ以外はプライドを捨て，謙虚に学ぶ姿勢を大切にしたい。**

5 与えられた持ち場でベストを尽くす

首長部局や社会教育施設，公民館など，予想していなかった場所に配属されることもある。
どこであっても，それらは教育に関わる大事な仕事。

教育の範囲は広い

教育行政に携わり，子どもたちのために教育を変えていく。そんな大きな夢をもって指導主事試験にチャレンジし，見事合格。ところが，配属されたところは首長部局であったり，生涯教育を担う社会教育施設であったりと，「あれ，ちょっと違うな…」ということがあります。

また，公民館やスポーツ協会など，学校教育とは異なる部署に配属されることもあります。

こんなときに，「こんなはずじゃなかった…」という思いから仕事に身が入らず，与えられた仕事だけをこなしているようではいけません。

どこに配属されようと，それは教育に関わる大切な仕事です。**教育は学校だけで行うものではありません。**スポーツや社会教育など教育の範囲はとても広いのです。一生涯を通じて人は学びを求めています。その学びの場の1つが，今あなたのいる場所です。まずはその場所でがんばりましょう。

ポストでベスト

今，自分の置かれているポスト，持ち場でベストを尽くすこと。それが次のポストへの道です。今すべきことをおざなりにして次のポストばかり意識して背伸びをしていると，転んでしまいます。今の持ち場で全力を尽くし，足下を固め，積み上げていけば，自ずと上のものにも手が届きます。

織田信長の草履取りから天下人になったと言われている豊臣秀吉は「1つの職を得ればその一職，1つの官を拝すればその一官，その職，その官に没頭することで自分は今日に至ったのだ」と言ったそうです。まさに，**与えられたポストでベストを尽くすことで，次のポストを得ていった**のです。

今の職場で必要な人材に

与えられた仕事をおろそかにして，「こんなはずじゃなかった…」と不満ばかり言っている人を，周囲の人はどう思うでしょうか。「そんなに不満なら辞めたらいい」「やる気のない人と一緒には仕事ができない」とみんな離れていきます。上司も，次の異動ではこの職場を離れてほしいと思います。しかし，推薦はしてくれません。また希望の部署ではないところに異動になり，結局そこでも同じように不満をもちながら仕事をすることになります。

どんな職場であろうと，「あなたはここに必要な人材だ」と言われるようになってこそ，上司も自信をもって次の職場に推薦してくれるでしょう。

階段を1段1段，しっかり足を踏みしめて上っていってこそ信頼され，大きな仕事も任されるようになります。上ばかり見て，足下をおろそかにしていると転んでしまいます。**何事も今の自分の置かれている状況の中で一生懸命ベストを尽くすことで，自ずと次につながっていく**のです。

阪急電鉄や宝塚歌劇団の創始者・小林一三は「下足番を命じられたら日本一の下足番になってみろ。そうしたらだれも君を下足番にしておかぬ」と言ったそうです。今の職場でなくてはならない人材になってこそ，引きもあるものです。

その部署で必要とされる人材になってこその次のポスト。
今の持ち場でベストを尽くそう。

6 健康管理をおろそかにしない

指導主事の仕事は激務で，ついつい無理をしてしまう。
しかし，何事も健康であればこそ。
健康管理をおろそかにしてはいけない。

健康管理も仕事のうち

指導主事の仕事は激務です。

慣れない事務仕事や苦情対応など，仕事の内容もすべてがはじめてのことばかりです。

また，学校現場と違い，課長以下，副課長，係長といった縦社会です。新任指導主事の多くは係の中でも末席です。上席にはベテランの指導主事や主任指導主事，その上に係長，副課長，課長がいます。距離は近くても，仕事のことで課長と言葉を交わすことはまずありません。

教育現場においても，いわゆる「働き方改革」が真剣に議論されるようになってきていますが，現実的には，定時ではなかなか仕事が終わらず，遅くまで残って仕事をせざるを得ないこともまだまだあります。充て指導主事は教育職ですから，教員と同じで残業手当はありません。また，**校長会や担当者会など，懇親の場も少なくありません。**

こんな状況ですから，「健康管理も仕事のうち」と心得て，くれぐれも心身の健康には気をつけましょう。

健康管理のために

健康に気をつけましょうといっても，では具体的に何をすればよいのでしょうか。激務の中でも，健康維持のために何か具体的な取組をすることをおすすめします。

小さなことで構いません。その取組を行うことが健康管理の意識づけになるのです。

指導主事の中には，歩くことを心がけている人が多くいます。「１日8,000歩は歩く」と歩数の目標を立てている人，職場の１つ手前の駅で降りて職場まで歩く人，昼休みに職場の階段を３往復数する人，平日は無理だから土日でしっかり歩く人…など様々です。それぞれ自分に合うやり方で意識して健康管理をしているのです。

他にも，健康診断は毎年人間ドックに行く，無料だとサボってしまうのであえてお金を出してジムに通う，健康維持のためのサプリメントを飲む…など，**具体的な行動を取ることが意識づけになるのでよい**と思います。

指導主事の代わりはいるけど…

指導主事の代わりはいくらでもいます。しかし，家族の中であなたの代わりになる人はいません。もしも，どうしても辛くてしんどくて指導主事の仕事は自分に向いていないと感じたときは，無理をせず，学校現場に戻してもらいましょう。指導主事の仕事よりも，あなたの心身の方が大事なのは言うまでもありません。

もともと教員として活躍していたのです。**教員に戻ることは決して左遷ではありません。**

何をおいても健康が一番。健康であってこその仕事。
そのためには健康維持のために具体的に行動しよう。
どうしても仕事が合わないときは学校現場に戻ることも選択肢の１つ。

第２章

新任指導主事の実務の心得

Chapter 2

7 社会人としてのマナーを再点検する

「学校の常識，社会の非常識」という言葉がある。
学校の先生は世間知らずとも言われる。指導主事は行政マン。
改めて社会人としての自覚とマナーを身につけよう。

身だしなみは基本

「人は見た目が９割」と言われることがあります。指導主事も見た目は大切です。行政マンとして，まずはきちんとした身なりで仕事をしましょう。教員時代の感覚でいると，少しずれてしまうことがあるので注意が必要です。

まずは清潔感を大事にしましょう。最近はクールビズやウォームビズなど簡素な服装になることも多いですが，公務員は住民に対する行政サービスをする仕事です。簡素な服装でもきちんとした格好で仕事をしましょう。華美なアクセサリーも必要ないでしょうし，スリッパやサンダルで仕事をするのも印象がよくありません。無精ひげもよろしくありません。**おしゃれは自分のためのものですが，身だしなみは相手のためのもの**です。

応対

あいさつは心の扉を開く鍵です。いつも気持ちよくあいさつをしましょう。

来客等と話をする際はクローズドポジション（腕を組む，膝を組む，目を閉じる）は避けましょう。これらは拒否の姿勢です。よい印象をもたれません。また，自分が座って仕事をしているときに相手が用事のために来た場合などは，つい座って応対したくなりますが，立っている人に対して上目遣いになりますし，自分が楽な姿勢をしていることにもなります。**自分も立って**

同じ目線で話をしましょう。

電話の応対は，鳴ったらすぐ出ます。そして「はい（おはようございます），○○（課名，名前）です」と名乗ります。相手が名乗れば「いつもお世話になっています」と感謝の言葉を述べます。机上にはいつも話の内容を記録できるようにメモを兼ねたノートを用意しておきましょう。身内の者には敬語は使いません。上司であっても敬称はつけません。不在のため伝言を頼まれた場合には相手の所属や名前も確認したうえで不在者の机上にメモを置いておくとともに，出会ったときには口頭でもきちんと伝えることが必要です。用件が終われば相手が切ってから静かに受話器を置くようにします。

席次等

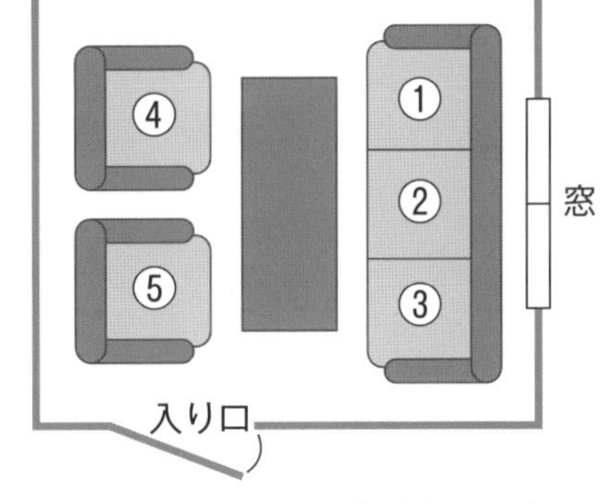

来客を案内する場合，ソファーやいすのどこに座っていただくか，どこが上座か下座かについてはきちんと知っていないといけません。

応接室は入り口から遠い方が上座になります。また一人がけのいすよりもソファーの方が上席になります。

ドアの開け方，エレベータの乗り降りの際のマナー，車に乗るときの席次，名刺交換の仕方等々，ビジネスの基本についてはビジネスマナーブックなどを購入して勉強しておきましょう。

指導主事は教育行政を担う公務員。しかも，学校現場へ指導助言をする立場であり，社会人としてのマナーは最低要件。
常に事務局職員であるという自覚をもって執務しよう。

8 自信がないからこそ電話は大きな声で話す

新米指導主事は何もわからず，何事にも自信がもてない。
自信がないと，電話の声はおのずと小さくなりがち。
しかし，自信がないときこそ大きな声で電話に出よう。

電話は大きな声で

指導主事になってしばらくは電話が取れません。何を聞かれてもわからないので，怖くて受話器に手がのびません。躊躇していると，他の指導主事が取ってくれます。他部署では電話が鳴るとすぐに電話を取っています。でも自分は何もわからないので受話器を取る勇気が出ません。

指導主事は，学校現場でそれなりに仕事をこなし，研究会等でもリーダー的存在であったという人が多いと思います。しかし，教育行政では初心者，右も左もわかりません。

それでも問い合わせの電話はかかってきます。いつまでも逃げるわけにはいきませんから，恐る恐る電話を取ります。

自分の担当の仕事は自分が対応せざるを得ません。担当とはいいながら，あまりよくわかっていないことも少なくありません。でも「知りません」「わかりません」というわけにはいきません。自分のもてるだけの記憶力，思考力をフル回転させながら回答するのですが，自信はありません。自ずと声が小さくなります。周囲に聞かれるのが嫌なのです。どんな応対をしているかを聞かれるのが恥ずかしいのです。

しかし，そんなときこそ，周囲に聞こえる大きな声で電話をしないといけません。他の指導主事の電話応対を聞いてみてください。皆さん大きな声で電話をしています。それはなぜでしょう。

間違っていたり，困っていたりしたら助けてくれるからです。

もしも間違った回答をしていたら，「それ違うよ」「ここに書いてるよ」と教えてくれたり，関係資料を出して目の前に示してくれたりします。

そうです。教育委員会はチームで仕事をしているのです。もしもあなたが間違った回答をしてしまったら，あなたの信用もですが，教育委員会の信用も落ちてしまいます。**みんなでカバーしながら助け合っていくのがチームの仕事の仕方**です。オール教育委員会で取り組んでいきましょう。

勇気がいることですが，自信がないからこそ，間違っていたら教えてもらえるように大きな声で話をしましょう。

☑ 他の人の電話応対に学ぶ

これまでの話を逆の立場で考えましょう。他の人が電話をしていたら仕事をしながら耳を澄まして聞いてみましょう。電話の応対の仕方を学ぶことができますし，新人といえどもお手伝いできるかもしれません。

「その話は今日の新聞に出ていたと思いますよ」と言っていたら，今朝回覧していた新聞記事のコピーを差し出してあげましょう。「課長は今さっきまでいたと思いますが…」と言っていたら「課長は先ほど出張で出ました。今日は帰ってこないです」とメモを差し出してあげましょう。

これがチームです。耳を澄まして周囲の状況を把握する。**指導主事の仕事はマルチタスク**です。このような仕事の仕方を覚えていきましょう。

チームでの仕事は助け合い。新米は大いに助けてもらおう。
大きな声で電話応対をしていれば，困ったとき助けてもらえる。
そして自分自身も耳を澄まして他の人の電話応対を聞こう。

9 「聞くは一時の恥」と心得て，躊躇せず尋ねる

教育行政は未知の世界。わからないことばかりで当然。
仕事の内容から交わす言葉の意味まで，わからないことは，どんどん人に尋ねよう。

仕事について

年度当初に担当の仕事を任されます。

「昨年度のファイルはここにあるよ。見ておいて」と，これまでの仕事のファイルを引き継がれます。

いつごろ実施するのか，そのためにいつごろ起案するのか，起案するためにいつごろから準備を始めるのか，最初はそれすらなかなか理解できません。先輩に聞こうにも，忙しそうにパソコンに向かっていて，なかなか聞けるような雰囲気になりません。

しかし，遠慮しないでどんどん尋ねましょう。尋ねないことには仕事ができないのです。尋ねるしかありません。勇気を出して何でも尋ねてみましょう。行政の世界は忙しいのです。先輩の手が空くのを待っていたら日が暮れてしまいます。皆さん**日々忙殺されながら，それでも電話や問い合わせで中断するのも常**です。「ちょっとよろしいですか」と質問されても日常のことです。嫌な顔はしません。

ただし，**教えてもらったことはできるだけ1回で覚えましょう。**同じことを何度も尋ねていては，先輩からの協力も得にくくなります。きちんとメモを取り，同じことで何度も忙しい先輩の手を止めることがないようにしましょう。

業界用語

当初は部屋で飛び交っている言葉の意味がわかりません。

教育の専門用語や行政用語，省略語，行政の俗語になってくると意味不明です。わからない言葉を耳にしたら最初のうちにどんどん尋ねてください。

後になればなるほど「そんなことも知らないの…」と思われたくないために聞きづらくなっていきます。知らないまま何となく「こういうことだろう」と話を進めていくと失敗します。失敗してからでは遅いのです。新人のうちは何を尋ねても恥ずかしくありません。どんどん尋ねてください。

そのうちにこうした言葉を使いこなせるようになると，何となく行政マンになったような気持ちになります。ただし，**学校現場の人と付き合うときは，そうした業界用語は使わないようにしましょう。**高慢な感じに見られてしまうため，注意が必要です。

疑問に思うことも尋ねる

さらには，仕事上で疑問に思うことも尋ねてみましょう。日々仕事をしていると，行政ならではの疑問も見えてきます。文科省の言っていることと実際の対応の違いはなぜ？　そんなことも遠慮せずに聞いてみましょう。

こうした疑問はいずれあなたが他の方から質問を受けることになります。学校現場に指導に行ったときに聞かれるかもしれません。そのためにも今，気になっていることは遠慮せず尋ねてみましょう。行政の仕組みやおもしろさも見えてきます。

何でも聞けるのは新人の特権。
仕事のこと，言葉のこと，何でも聞いてみよう。
そこで行政の仕組みやおもしろさが見えてくる。

10 重要な文書をいつでも参照できるようにする

研究協議会の指導助言，校長会等での説明，上司のヒアリング…
指導主事は人に説明することが多く，質問されることも多い。
主な要項，国・自治体の施策等のまとめは常備したい。

説明や質問に備える

指導主事は人に説明をする場面が多くあります。

研究協議会の指導助言，担当者会での事業説明，校長会での依頼事項，学校訪問時の話し合いなどです。こうした場面では，いろいろと質問されることも多くあります。

担当していることについては，事前に準備をしていくのでそんなに困ることはないとは思いますが，それ以外のことを聞かれることもあります。そんなときにも，さっと回答できたら株が上がります。

文書をすぐに参照できるようにする

主な施策の実施要項や施策のまとめ，教育振興基本計画の概要，生徒指導提要の改訂の要点，改革のタイムスケジュール，教育委員会の事業体系，担当教科の指導内容など，これらをいつも使っているノートやスケジュール帳の後ろに貼っておくとよいでしょう。

または，写真を撮ってスマホやタブレット端末に保存しておいてもよいですし，ウェブ上で公開されている文書であれば，文書の URL の一覧をつくっておくと便利です。

生徒指導の担当であればいじめの定義や状況を貼っておく，学習指導担当であれば学力テストの結果や実施状況を貼っておく，担当の施策の実施要項を貼っておく。

そうすれば，学校現場等で急に尋ねられたときも，それを見て的確に回答することができます。

細かいところまで暗記していなくても，必要なときに必要な事柄を取り出すことができればそれで十分です。そのようにしてときどき目にしていれば，自ずと覚えていくものです。

あわせて平素よく使用する学校等の電話番号などもノートに貼っておいたり，スマホやタブレット端末に保存しておくと便利です。

☑ 文書の管理に注意する

今はスマホやタブレット端末で簡単に写真を撮ることができます。

大事な文書，出張依頼文書，ちょっとしたものでも，とりあえずスマホに記録しておくことができます。あいさつ文も写真に撮っておき，ときどき取り出して確認する，暗唱する，ということができます。このようにICTをうまく効果的に活用したいものです。

ただし，まとめ等をノートに貼ったり，スマホやタブレット端末に保存することでいつでも確認できるのはとても便利ですが，万が一紛失する恐れがあります。したがって，機密や個人情報にあたるものを貼ったり保存したりすることは避けましょう。

要項や施策のまとめなど，よく使う文書はノートに貼ったりスマホに保存したりしておこう。
ただし，機密や個人情報にあたるものはNG。

11 メモノートをつくり，記憶より記録を頼る

指導主事の仕事はマルチタスク。
一日にいくつもの仕事に関わるため，記憶容量をオーバーする。
人との話は必ずメモして記録すること。

指導主事の仕事の特徴

指導主事の仕事はマルチタスクです。

担当の仕事は何十とあります。同時並行で進める仕事も多々あります。起案する際には，過去の資料を見ながら新しい観点も取り入れ，昨年度よりもよい企画立案に向け，じっくり考えたいところですが，そうはいきません。

まず，電話です。学校現場からの問い合わせ，他課からの相談事，住民からの問い合わせや苦情。そして，来客もあります。管理職が電話ではなく直々に依頼や相談にもやってきます。

さらには，上司から何度も声がかかります。「あれはどうなってる？」「この資料まとめておいてね」「この仕事頼みます」「上のヒアリング一緒に入ってくれる？」「これ議会へ届けておいて」などなど。

同様に先輩指導主事や事務方からも声がかかります。「あなたのこの決裁おかしいよ」「この事業にはもう予算ないよ」「教科部会の研究会から指導助言の依頼が来てるけど行ける？」「明日出張で留守にするけど，代わりに会議に出てほしい。会議の内容は…」などなど。

一日事務局にいると，ひっきりなしに仕事が舞い込んできます。それらをすべてきちんとこなしていかなければなりません。

メモ用紙ではなくメモノートを

特に人と話をした内容は忘れてはいけません。記憶するには多過ぎるので，メモは必須です。

そのメモですが，単なるメモ用紙に書いていると，そのことが終われば破棄してしまいます。そこで，メモ用紙ではなく，メモ用のノートをきちんと用意しましょう。メモ用ですから丁寧に書く必要はありません。メモ用紙感覚で書けばよいのです。ただ，それをノートとして蓄積，保管していくことが大切なのです。

朝一番でメモノートに日付を書き込んだら，その一日の電話対応，来客対応，係内の打ち合わせ，上司と同席した外部団体との折衝などなどを，メモノートに記載していきます。**「何時に」「だれと」「どこで」「どんなことを話した」ということをメモします。**

この記録は後々役に立ちます。例えば，「あの話，校長は聞いていないと言ってるよ」と言われたときに，「いえ，○月□日△時ごろ，校長先生にお電話でお伝えしていますよ」「その件は○月□日△時ごろ，教頭先生から問い合わせがあり，このように回答しています」など，**自分の身を守ってくれます。**

筆者も10年前のことが裁判事案になり，10年前のメモノートが残っていたので，「当時○月□日にはこのようなことが確かにありました。ノートに記録しています」と役に立ったことがあります。ここまでのケースは稀ですが，単なるメモも，記録として有効に活用されることは多々あります。

メモは単なるメモとして捨てていくのではなく，記録として保存できるようノートを使おう。日時や相手，場所などとともに記録することで，いざというときに自分自身を守ることもできる。

12 効率的に最新の教育情報をインプットする

指導主事は常に教育に関する新しい情報を求められる。しかし日々の仕事が忙しくなかなか勉強する時間はない。だからこそ，教育雑誌を購読してすきま時間に勉強しよう。

教育雑誌を読む

指導主事は日々勉強です。教育に対する識見を有するために勉強しましょう。教育は動いています。文科省も動いています。子どもや社会の動きに応じて通知が出ますし，審議会の報告や各種調査結果の発表もされます。

指導主事はそうした教育の動き，教育時事についても熟知しておきたいものです。しかし，新任指導主事は日々の仕事をこなすのが精一杯で，なかなか勉強する時間がありません。担当の仕事に関係する事柄については必要に迫られて勉強するものの，所管外のことについてはついつい遠ざかってしまいます。

そこで，教育雑誌を購読し，空き時間や通勤時間を活用して読んでみましょう。家のトイレに置いておくのも有効です。すべてを精読しなくてもかまいません。雑誌ですから，**読みたいところを中心に読めばよい**のです。これは大事な記事だと思えば切り取ってノートに貼っておきます。

教育雑誌は，わかりやすく解説をしてくれていたり，内容をコンパクトにまとめてくれていたり，具体的な取り組み方法も例示してくれていたりと，とても役立つことが多く書かれています。週刊新聞や月刊誌等がありますが，何か１冊を定期購読することがおすすめです。本屋へ行って購入しようと思っていると，ついつい忙しくて買わなくなってしまうからです。

また，職場でも教育雑誌や教育新聞を購読していることと思います。その閲覧方法は職場によって異なると思いますが，一度は目を通すことができると思います。みんなが読むので自分一人で抱え込むわけにはいきませんが，**見出しだけでも追いかけておくとずいぶん違います。**

新聞を読む

新聞の教育に関する記事も目を通すようにしましょう。職場によっては，その日の新聞の教育関係の記事を切り取って，まとめたものをコピーして朝のうちに回覧するところもあります（筆者は，それが新任のときの朝一番の仕事でした）。これはその日の回覧が終わるとあとは捨てるだけなのですが，それをもらうことも有効です。筆者は回覧が最後でその後捨てるところまでが仕事でしたが，そのまま持ち帰り，帰宅の電車の中でゆっくり読むようにしていました。

文科省のメールマガジン

文科省のメールマガジンのサービスも活用してみましょう。新着情報メールや初中教育ニュース等があり，大臣会見概要や報道発表資料，審議会情報，また初等中等教育改革の動きに関する情報やそれに関連したトピックの解説などがあり，メールで知らせてくれます。

定期的に配信されてきますから，ときどきのぞくことで国の動きを把握することができます。

指導主事は教育時事についても精通しておく必要がある。教育雑誌，新聞等を有効活用して，大きな動きだけでもしっかり押さえておこう。

13 多種多様な資料を効率的に整理する

マルチタスクを処理する指導主事には様々な資料が山積する。
電子データも同様に様々なファイルが溜まっていく。
これらを効率よく整理することが，うまく仕事をこなすコツ。

紙の資料はパイプ式ファイルで整理

指導主事の仕事は多種多様で幅が広いことが特徴です。紙の資料もたくさんあり，何が何の資料なのかわからなくなってきます。紙ファイルにまとめておき，年度が替われば次の者に引き継いだり，課室に保管し，だれでも見ることができるようにして，職場で仕事を共有することが多いでしょう。

そのような中で，大切な資料，例えば，事業などの実施要項や各種一覧表，重要事項，ガイドライン，通知，リーフレット，経緯，次第，といったものは，自分でも持っておきたいところです。それらを自分でパイプ式ファイルに整理して持っておくことは，仕事を進めていくうえでとても便利です。

通知文を集めたファイル，生徒指導関係のファイル等，いくつか種類はできますが，その1冊に必要なものをすべてまとめておくと仕事をする際に効率的ですし，上司に問われてもすぐに資料を提示することができます。

ただし，多様な資料1冊にまとめるので，次ページの例のように目次をつくります。インデックスは1，2，3といった番号で十分です。白紙に1，2，3…とインデックスをつけ，資料はインデックスのついた白紙に続いて入れていきます。こうすると，項目の追加や整理がしやすく，資料を取り出したときも余計なインデックスがついていないので扱いやすくなります。

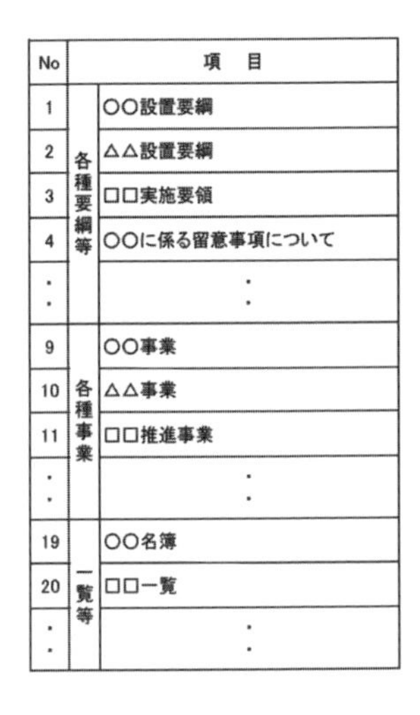

No		項　目
1	各種要綱等	○○設置要綱
2		△△設置要綱
3		□□実施要領
4		○○に係る留意事項について
:		:
9	各種事業	○○事業
10		△△事業
11		□□推進事業
:		:
19	一覧等	○○名簿
20		□□一覧
:		:

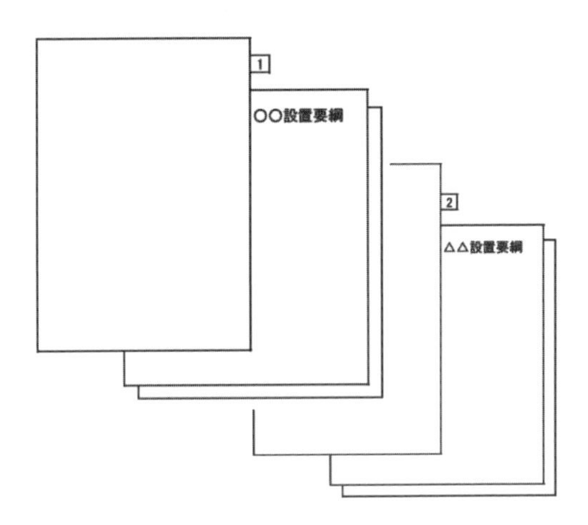

電子データはフォルダとファイル名で整理

電子データの整理では，まずはフォルダを整理することです。

フォルダは年度ごとに作成します。2022，2023，2024…とか，Ｒ４，Ｒ５，Ｒ６…といった名前で年度ごとにフォルダをつくり，その中に自分の担当業務のフォルダをつくります。

各データファイルの名前も「Ｒ６　第１回○○担当者会連絡事項（0522）」とか，「24　○○調査（0712）」など，年度（冒頭）と実施日や作成日などの日付（カッコ内の数字）をつけておくと，いつのファイルかがすぐにわかります。

指導主事の仕事は多種多様で，それに応じて資料も多種多様。
資料の整理がうまくできれば仕事は効率的に行うことができる。
紙の資料，データ，それぞれに応じた整理の工夫を試みよう。

14 反映までを1セットとして反省を行う

1つの仕事が終わると反省点や改良点が出てくる。
それらを忘れないうちに記録として残したり修正したりしないと，次回以降に生かされない。

鉄は熱いうちに打つ

多くの担当業務には，引き継がれたデータファイルがあります。それを基に実施要項などの書類をつくり，事業を行っていきます。ルーティンの仕事については，日付や名前を変更すればほぼでき上がりというものも少なくありません。

ただし，多くの業務で毎回反省すべき点は出てきます。しかし，それが次回に生かされないことも多いのです。なぜなら反省が記録として残っていないからです。

実施要項を作成し，事業を行う中で「こうすればよかった」という反省点が出てきます。「次回は，来年度は，こうしよう」と思うのですが，それだけでは，いざ次回になると，「何か改善すべきことがあったような…」と忘れてしまっていることが多いのです。

そうならないために，**あらかじめ次年度用のフォルダをつくっておき，今回の反省を反映した文書を保存しておきましょう。**そうすれば，次年度その仕事をしようとしたときにその文書を見ることになります。そこには今回の反省が記載されています。

この事業では人の動線を変更した方がよい，声かけの対象を増やす方がよい，この予算に計上しておくべきなどなど，改善すべきことを記載しておきます。

文書等の修正であれば，見え消し等で変更箇所をわかるようにした次年度用の文書ファイルを作成して，次年度のフォルダに入れておきます。完全な文書にしてしまうとどこを修正したかがわからなくなります。**どうすればよいか，どこが課題かがわかるようにしておき，具体的なことは次回しっかりと考えればよい**のです。

アンケートをとったのなら，その内容や結果を次年度のファイルに入れておきます。そうしておけば，次回に実施を検討するときアンケート結果を見ることになり，アンケートを踏まえて改善することができます。

人間，「１年後はこうしよう」と思っていても忘れてしまうものです。１年後の通り道に先回りして置いておくことで，忘れることなく次年度に改善することができるのです。

自身のダイアリーにも記録を

自身のダイアリーにも先にメモをしておくことです。来年度のものがまだ発売されていなければ，**12月や３月など最後のところに次年度のことを記載しておきます。**年末や年度末に，そこに記載されていることを次のダイアリーに転記すれば，漏れはありません。

ダイアリーは気づいたことを事前に記載しておけますから，担当の仕事に限らず，例えば，あいさつ時の話し方について反省事項があれば次回や次々回のあいさつをする機会のあるページに記載しておくなど，反省を反映させることができます。

反省の反映は，今後の通り道に先回りして置いておくのがポイント。次年度用のフォルダに，反省事項や修正点を指摘した次回用の文書等を入れておくと，そのときに目を通すことができる。

15 状況に応じて言葉を選ぶ

指導主事は質問への回答に言葉を選ぶ必要がある。
意志を伝える，意欲を見せる，後ろ向きなど，いろいろな言葉の使い方があります。

「思います」より「考えています」

指導主事は指導助言や質問に回答する場面が多くあります。教育委員会の考えや自分の考えを伝える場面もあります。

そのとき，例えば「私はこう思います」と「私はこう考えています」では，意志が明確なのはどちらでしょうか。「思う」は感覚的なものですが，「考えている」は意志があります。「AとBとどちらがいいですか？」と問われて「Aがいいと思う」も気持ちが入っていますが，「Aがいいと考えている」と言われると，AとBについて比べて考えた後にAに決めた，という意志が見えます。その理由もきちんとあるように聞こえます。

逆に，明確に言わない言い方もあります。指導助言では「…かな」という言い方をよく耳にします。学校現場の先生の発表に敬意を表しながら，「他にもこのような考え方もあるのかなと思います」といった使い方です。あえて断定的に言わず，他の考えを紹介する形で言います。

ちょっとしたことですが，**相手に自分の意志を伝えるとき，それがどのようなシチュエーションなのか，どのように伝わるのがよいのか，そのことも考えて言葉を選びましょう。**

「研究します」と「検討します」

「研究します」「検討します」「前向きに検討します」などは，答弁でよく出てくるフレーズです。

「研究する」というのは，そのことがよいことなのか，悪いことなのか，まだよくわからないので研究してみるということです。したがって，あまりメリットがない，いいことだけど予算が多額になり対費用効果が格段に悪いなど，要望に応えられるかわからない場合や実現する可能性が低いときに，まずは「研究してみます」というニュアンスで使うことが多いようです。

「検討します」というのは，実施に向けて方策を考えてみようというニュアンスになりますから，やる気はあることになります。ただ，実現に向けて調べていけば課題も出てくるでしょうから，場合によっては難しいかもしれません。しかし，やる気を見せることはできます。

「前向きに検討します」というのは，実施したいという思いを強く込めたニュアンスになります。課題はあるでしょうが，前向きに取り組み，課題を解決しながら進めていく強い意志を感じる言い方になります。

一見すると似たような表現として「努力したいと思います」といった答弁を耳にすることがあります。しかし，「努力」とは力は尽くすが実現を保障する言葉ではなく，「したい」とは願望であり，「思います」はあくまで気持ちです。このような，**聞こえはいいけれど，少し考えるとやる気のなさがわかってしまうような言葉の使い方には気をつけましょう。**

意思を伝える場合，相手のことを思いやる気持ちが大切。
相手の気持ちや受け止め方を考えながら自分の思いを伝える。
そのためにはどんな伝え方がよいのかを考えてみよう。

16 緻密さとスピード，どちらを求められている場面か見極める

仕事は丁寧なのがよいのは言うまでもない。
しかし，いくら完璧な仕事でも遅れてしまえば元も子もない。
60％できたらとりあえず見てもらおう。

事務局の仕事はいつもお急ぎ

丁寧な仕事やきれいな資料は理想です。でも，**時間がないときは，丁寧さよりも早さ**です。丁寧でも間に合わなければ意味がありません。

議会に説明に行く資料をつくってくれ。明日までに決裁を上げてくれ。とりあえず早急に通知を送れ。事務局では時にこのように急ぎで仕事を命じられることがあります。

相手の立場に立って見やすいきれいな資料をつくろう。決裁は事前に調整しながらつくっていこう。教育長名の通知だから“てにをは”や段落，表現等にも気をつけて文書をつくろう。急ぎの場合，これでは間に合いません。

急ぎの場合は6割できたら十分です。とりあえず上司に見てもらいましょう。あとは流れの中で修正していけばよいのです。

資料をつくって見せれば，ここはこうしてくれ，ここに表を入れておいてくれなどなど，具体的な指示が与えられます。そうして使いやすい資料ができていくのです。

自分では完璧だと思って100％でき上がったものを見せても，やっぱり注文が入ります。上司は視野が広く，さらに次のことも考えています。新人の指導主事が全力で作成した資料でも，完璧ではありません。それよりは，6割方，だいたいイメージのできた資料を見せることで，上司の求める資料を

つくっていくことができます。

「急がば回れ」は時間があるとき

決裁を上げるために事前に調整するのは理想です。事前に関係者に話をし，調整をして上げていきます。それが基本です。

しかし，時間がない場合には，とりあえず決裁を上げることです。決裁を上げていく中で手直しが入っていきます。調整ができていないところもありますが，「急ぎです，申し訳ない」と言いながら，お詫びと説明をし，平行して調整していきます。説明すれば理解もしてくれます。そこはスピードを求められているわけです。

ただし，調整すべき関係者には丁寧に対応しましょう。**いくらスピード優先とはいえ，くれぐれも関係者をないがしろにしないようにしましょう。**通知についても，「とりあえず急ぎ通知をしておいてくれ」と言われても，教育長名で出す文書に誤字脱字や間違いがあっては恥ずかしい話です。そんなときは，「取り急ぎこんな文書を出します」と事務連絡レベルで連絡をしておく方法があります。要は，早くその内容を相手方に伝えることです。正式な公文書でなくてもよいのです。「正式な公文書は追って通知します」と添えておけば，相手方も動くことができるのです。

少し時間がかかっても緻密な仕事を求めているのか。雑でもいいからスピードを求めているのか。今何を求められているのかをしっかりと見極めながら臨機応変に取り組んでいきましょう。

上司は何を求めているのか。緻密さかスピードか。
上司の求めに応じて臨機応変に対応していくこと。
ただし，スピード重視でも，雑な仕事で終わってはいけない。

17 常に自分の思いをもち，イエスマンにならない

CHECK
指導主事が担当する仕事は多種多様。
それらの仕事一つひとつに自分の思いをもとう。
そして，上司に対してもその思いをぶつけよう。

「思い」をもつ

指導主事の仕事は数多くあります。それゆえ，ついつい例年通り，昨年通り…と流れで仕事をしてしまいがちです。しかし，仕事の一つひとつには趣旨があり，意義があり，効果があります。なぜこの事業を行うのか，どのような成果を考えているのか，それらをしっかりと把握しましょう。そのうえで，今年は昨年と比べてどのように改善すればよいのかを考えてみましょう。

「現状維持は後退」と言われます。確かに，1年が過ぎると学校現場の状況も変化しています。大きな変化ではないかもしれませんが，わずかでも変化はあります。担当している仕事においてはどのような変化があるのか，それとも変化はないのか，学校を取り巻く周囲の状況はどうなのか，調べてみてください。そして昨年の反省も踏まえ，今年の内容を検討していきます。

大切なのは，その仕事に対する自分の思いです。新任はもちろん，新しく担当する場合昨年度のことはわかりません。でも，自分の思いはもってください。新しく担当すれば新鮮な目で見ることができます。ここはこうする方がよいのではないか，ここはこうしてみよう…などなど，自分の思いをもつことです。

そして，それを上席や上司に相談してみましょう。「ここはこうしたいのですけど，よろしいでしょうか」。このとき，上席や上司に「いやそれは違

うよ」とか「いやこうしておけ」と言われたらどうしますか。
素直に「はい，わかりました」と上席や上司の言う通りにするばかりではなく，そこで自分の思いや意見をぶつけてみてください。

自分の成長に

何でも上席や上司の言う通りにしていれば，仕事はスムーズに進むかもしれません。でも，少しでもよい仕事をしようと思うのなら，自分の思いをしっかりもちましょう。

上席や上司に自分の思いを却下されたら，まず「これについては，このように考えているのですが，ダメでしょうか？」と自分の思いについて話をしてみてください。それで理解を示してもらえればすばらしいことです。上席や上司を説得できたということは，自分の思いが間違いではなかったということです。自信をもってその仕事に取り組んでください。

たとえ却下されたとしても，その理由を説明してもらいましょう。上席や上司は自分より視野が広く，多くのことを知っています。却下する理由を説明してもらい，自分もそれに納得すれば，それが１つの学びになります。そこで成長するのです。

常にイエスマンでは自身の成長は滞ります。自分の中に熱い思いがあれば，たとえ上司でもぶつけてみる。その気概がよい仕事づくりや自身の成長につながっていくのです。

自分自身の思いをもち，上司や上席にも意見をぶつけてみよう。
上司や上席が納得すればよし，却下されればその理由を教えてもらおう。いずれにしても成長できる。

18 「間違いはある」という意識で決裁書に目を通す

新人にも決裁は回ってくるし，最初に目を通すことも多い。
内容はよくわからないし，まして上席の人の決裁。
しかし，印を押す以上は責任をもとう。

決裁印を押す

新任指導主事はまだ仕事の内容もよくわかりませんが，それでも決裁は回ってきます。4月当初くらいは許されますが，１か月も経てばいつまでも甘えてはいられません。決裁書に対しても責任をもって目を通し，了の印を押さなければなりません。印を押すということはそういうことです。電子決裁ももちろん同じです。

わからない内容については，きちんと決裁書を精読して理解しましょう。自分の係ではどのような仕事がなされているのか，今，どのように進んでいるのか，決裁書を読むことで係全体の仕事が見えてきます。

現場の教員のときにはまったく知らなかった仕事が山ほどあります。それらの仕事を少しずつ覚えていかねばなりません。「自分の担当ではないからスルーしよう」は指導主事として拙い対応です。**学校や外部から問い合わせがあったとき，「担当ではないのでわかりません」では困る**のです。「すべての仕事を熟知せよ」とまでは言いませんが，どのような仕事が，今どのような進捗状況か，くらいは知っていないと話になりません。

問い合わせの電話は係にかかってきます。係というチームで仕事をしている以上，それくらいはできるようにしましょう。

わからないことは聞く

決裁の内容がわからないのに了の印を押すのは不誠実です。内容がわからなければ聞きましょう。聞いて理解し，覚えていきます。忙しそうだからという遠慮はいりません。時間ができるのを待っていたら聞くときがありません。聞いて学べば，次からは自信をもって印を押せるようになるのです。

決裁書に手を入れる

決裁書に手を入れることを意識しましょう。**「間違いはある」と思って目を通す**ということです。内容の良し悪しの判断は難しいと思いますが，疑問点があれば尋ねましょう。それも勉強です。

明らかな間違いは直しましょう。特に外へ出す通知文などは課長名や教育長名で発出します。誤字や脱字などがあると体裁が悪く，それが続くと教育委員会への信頼の問題になります。

最近は働き方改革で仕事の軽減を図っています。決裁書もできるだけスピーディに回すようになりました。一方で，誤字脱字や年月日，曜日などが昨年のままになっている間違いなどが目立つようになりました。

決裁書は，複数の目で見ているがゆえに一人ひとりの意識がおろそかになり，間違いを見過ごしてしまうことがあります。新任指導主事でもチェックはできます。誤字脱字や年月日，曜日，「てにをは」の間違いはきっとあると思って見ると見えてくるものです。すると，**自分が決裁書をつくるときもそういう意識で書くようになり，隙のない決裁書ができるようになります。**

**決裁書が回ってきたら，「間違いは必ずある」という意識で目を通すようにしよう。
そうすることで，自分も隙のない決裁書をつくれるようになる。**

19 資料はＡ４サイズ１枚にまとめる

CHECK
資料作成を命じられることはよくある。
常に見る人の立場で作成しよう。Ａ４サイズ１枚がベスト。
そのために要約する力をつけよう。

資料作成で力をつける

資料は，見る人のことを第一に考えて作成しましょう。

ダラダラと２ページも３ページも書いたら，見る人は疲れます。見る人の多くは，自分より上の立場の人です。あなたよりも忙しくしています。忙しい中でさっと見て要点を把握できるような資料が求められます。まずはＡ４サイズの用紙１枚にまとめることです。

Ａ４サイズ１枚にまとめるのはなかなか難しいことです。無駄を省きながらもポイントを押さえ，要約する必要があります。そのためには，内容を熟知するとともに要点を把握する必要があります。

でき上がっているものをそっくりコピー＆ペーストすることができる場合もあるかもしれません。緊急の際はそれでも仕方ありませんが，できるだけ自分でつくってみましょう。なぜなら，自分で作成することで力がつくからです。内容が理解でき，要点がわかり，構図もイメージできます。

でき上がった資料は自分の頭の中にも残ります。資料作成の機会は勉強の機会です。前向きに取り組みましょう。

見やすい工夫を

資料は見る人の立場になって作成しましょう。そのためには見やすくする工夫も必要です。

例えば，文字だけでなく図やグラフ，構成図など，視覚的に捉えやすいものを加えることも有効です。構成図を作成するには少し時間がかかる場合もありますが，一度作成すれば他の場面で活用できることもありますし，自身の頭の中でも整理した形で覚えられるので有効です。

また本文のフォントは明朝体が多いと思いますが，項目名や見出しなどをゴシック体にすることで，一見しただけで主な項目や見出しがわかるので，見る人も内容の整理がしやすくなります。

余裕があれば，文字を少し大きめにすると親切です。通常10～10.5ポイントが多いようですが，11ポイントにするだけで読みやすくなります。**資料を読む人の多くは年上ですから，大きい字はありがたいもの**です。

色を使うことができるときは，キーワードの色を変える，蛍光マーカーのように色をつけるといった工夫も有効です。

行間を空けるといった工夫も効果的です。小見出しごとに１行空けるだけでもぐっと読みやすくなります。

原本の扱い

でき上がった資料のコピーを何度も取る場合があります。そのうちどれが原本かわからなくなります。コピーのコピーは精度が落ちます。いつも原本がわかるように原本には黄色の蛍光マーカーで右肩に○などの印をつけておくと便利です。資料だけでなく，どの文書も同様です。黄色のマーカーであればコピーしても写りません（カラーコピーは除きます）。

資料をＡ４サイズ１枚に収めるには，内容を熟知し，要点を把握する必要がある。それができるとその内容は自分の頭の中にも残り，いずれ自分が説明するときにも大いに役に立つ。

20 あいさつ文作成を通して勉強する

指導主事は，自身はもちろん，上司のあいさつ文を書くことが多い。たかがあいさつ，されどあいさつ。あいさつ文にこそ教育への思いが凝縮される。心を込めて書き上げよう。

自分のあいさつ文

各種研究協議会や担当者会など，指導主事はあいさつをする機会がよくあります。あいさつをする際は原稿を書くようにしましょう。自分のあいさつはついつい手を抜きがちですが，自分のあいさつだからこそ自身の評価に直結します。あいさつの構成はだいたいは同じようなものです。平素の取組への感謝や労い，教育の現状と課題，課題を踏まえた自治体の教育施策，今回の話で伝えたいこと，出席者の活躍や会の充実発展の祈念などに**自身の思いも加えながら自分の言葉で語りましょう。**

あいさつ当日まで何度か推敲し，漏れていることはないか，加えることはないか，この表現でよいか，文章は長くないか，時間はどのくらいかかるか，だれが聞いてもわかるか…などなど，多角的に検討します。

あいさつが終わっても自分のあいさつ原稿は保存しておきましょう。次回にあいさつするとき話の重複を防ぐことができます。また，話した，いや聞いていないといったときでも，原稿が残っていると「あのあいさつの場でこのことは確かに伝えています」と示すことができます。

上司のあいさつ文

各事業の実施に当たり，上司のあいさつ文は担当者が書くものです。

自分のあいさつと同じように文章をつくるのですが，上司に恥をかかせるようなことがあってはいけません。自分のあいさつ以上のよいあいさつを書かねばなりません。そのためには，国の方針や自治体の現状と課題，それに対応した教育施策をしっかりと調べて，それらをあいさつ文に入れるようにしましょう。

これも勉強。あいさつ文をしっかり書けるようになってこそ一人前の指導主事です。**上司の立場から担当の事業を見て，来場者に伝えたいことは何かを考えて文章をつくります。**

できたら，上司に見てもらいます。当然手が入りますが，そこでまた勉強です。「こういう視点が必要なのか」「上司はこう考えているのか」と，学ぶことはたくさんあります。

トップのあいさつ

さらに，教育長のあいさつや教育委員会，場合によっては首長のあいさつを書くこともあります。学校の周年行事等のあいさつもあります。その際も教育長や教育委員会，首長の立場に立って文章を考えます。恐れ多いことと思いますが，その立場に見合ったあいさつが求められるのです。

心配しなくても，**トップのあいさつの場合は決裁が必要**です。決裁を上げていく中で修正が入ります。決裁が下りてくるころには真っ赤に修正が入っているものです。そこでまた勉強です。上司が手を入れているところをよく見て，なぜ修正されているのか，なぜこの文言の方がよいのか，一つひとつ勉強しましょう。あいさつ文を書くのは，貴重な勉強の機会なのです。

あいさつ文を書くのは勉強の機会。
上司やトップのあいさつ文は学びの宝庫。
それを自分のあいさつに生かそう。

21 ホウレンソウをマスターする

ホウレンソウ（報連相）はビジネスの基本。
ホウレンソウがなければ仕事は停滞する。
いつもホウレンソウを意識して仕事に取り組もう。

ネガティブ・レポート

報告はこまめにすることが大切です。依頼された仕事の進捗状況について依頼した人は気になるものです。依頼後，間が空いてしまうと「どうなってるのかな…」と心配になります。途中経過を報告することで依頼した人は安心できるし，相談にも乗ってくれるものです。

ネガティブ・レポートも大切です。ネガティブ・レポートとは「異常ありません」「問題ありません」「無事に終了しました」と，何もないことを報告することですが，これは**危機管理の第一歩**とも言われています。慣れてしまえば難しいことではありません。

悪いニュースはすぐに報告

悪いニュースほど早く報告しましょう。悪いニュースは次の対策が必要です。マスコミが取材に来るような内容であれば朝一番で家まで取材に来ることがあります。そんな場合は夜中でも報告することです。時を選びません。そうすれば夜明けまでの時間に対策を考えることができるからです。ミスや失敗などトラブルが生じた場合は急を要しますから，すぐに報告しましょう。特に自分の失敗や責任がある場合は報告しにくいものですが，**悪いニュースほど，勇気をもって早く上司に伝える必要があります。**

連絡は関係者全員に

連絡を聞いていない人がいると「そんな話聞いてない」というだけで人間関係がギクシャクすることがあります。大切な連絡は伝言漏れや連絡ミスがないよう確実に伝えることです。また，連絡を人に頼んだ場合も後の確認が重要です。頼めばそれで終わったと思うのではなく，**頼んだ人が連絡したかどうかを確認する最後の詰めも大切**です。

相談は早めに

疑問や心配事，問題を抱えたまま一人悶々と悩みながら仕事を進めると，失敗したり，事態が悪化したりして，結果としてまわりの人に迷惑をかけてしまうことがあります。

悩んでいるとき自己判断で仕事を進めるのは危険です。上司や先輩に相談すればアドバイスがもらえますし，問題を共有しながら対処できます。

特にトラブルは，つい自分だけで解決を図ろうとしがちです。トラブルを起こしたことで能力不足と思われたくない，といった心理からなんとか自分で解決しようとすることがあります。そしてどうにもならなくなったところで周囲に相談するのですが，時すでに遅し，大きなトラブルに発展していたということがよくあります。

もっと早く聞いていれば対処できたのに…ということがよくあります。小さなトラブルの段階で周囲に相談したことで有効なアドバイスをもらえ，大きなトラブルになる前に収まった，ということはよくあります。

ホウレンソウは円滑に仕事を進めるための基本。
悪いニュースはすぐ報告，ネガティブレポートを大切に，困ったことはすぐに相談。

22 公文書は読み手の立場でつくる

CHECK
公文書は公の書類。
学校現場が動く際の根拠になり，保存もする。
読み手のことを考え，丁寧かつ簡潔な文書を作成しよう。

公文書

公文書は，文字通り公の文書です。公務員が職務上作成する文書で，個人が勝手に作成することはできません。課長名や教育長名等，所属長名で発出することが多く，自分が作成しても発出者は課長や教育長です。間違っていたら教育委員会が恥をかきます。もちろん決裁を上げていきますから，みんながチェックをするのですが，それでも時に間違っていることがあります。そんなことがないよう慎重に作成していきましょう。

まずは，読み手のことを考えて作成しましょう。正確にわかりやすく書く。丁寧語で冗長に書くより，簡潔な方がわかりやすいでしょう。伝えることを絞り，遠回しな書き方は避け，伝えるべきことをはっきりと書くことも大事です。**専門用語や外来語をむやみに用いない配慮も必要**です。

項目ごとにわかりやすく番号をつける，問い合わせ先を記載する，注釈をつける，参照文書の発出日や発出番号も記載しておく…などなど，読み手が読みやすく，そして理解しやすくなるような工夫をしましょう。

メールでの文書発出

昨今はメールでの文書発出が主流です。その際，資料等が添付されることも少なくありません。添付資料が少ない場合はよいのですが，時に資料がたくさん添付されていることがあります。一つひとつを開いていくと結構手間がかかり，受け取る側は面倒です。できるならファイルはまとめた方が読み手は楽になります。

また，関係資料としてページ数が多い資料を送ることもあります。関係しているからこれもあれも送っておこうと，親切心で送るのですが，読み手にとっては負担に感じることもあります。ペーパーレス時代とはいえ，通知文書も管理職には紙ベースで供覧して印を押すというところもまだあります。印刷のための紙代もバカになりません。**ペーパーレスが基本だからととりあえず送っておくのではなく，精選して必要なものだけを送るようにしましょう。**

文書法制に強くなる

公文書の書き方には様式があります。**自治体にはその様式をまとめた文書法制の手引き等があるところも少なくありません。**文書事務の流れや文書の種類，表記上の原則や用字用語，書式や文例も記載されています。それらの様式に従って書いていきましょう。行頭は○字空ける，行末は○字空ける，公印を押す場合は発出者名の最後にかかるように押す場所と発出者名を書く場所を考える…などなど，様々なルールがあります。

指導主事はまずは往復文書の作成です。基本的な書式を踏まえて，読み手のことを意識して作成しましょう。

公文書は公の文書。保管もされるし，活動の根拠にもなる。
それだけ重みのある公文書の作成は大切な仕事。
読み手のことを考え，正確でわかりやすい文書を作成しよう。

23 Q＆Aファイルをつくる

最初に知らないことが多いのは勉強不足だから。
それでも，運用や慣例，見解，解釈など，勉強してもわからないことは多くある。それらをまとめておこう。

Q＆Aファイル

指導主事になっても最初は知らないことが多く，勉強を重ねます。法令集や規定集を調べ，解説書を読み，文科省等の通知や各事業の実施要項等を勉強していくうちに，指導主事の仕事も見えてきます。

しかし，どこにも書いていないこともあります。**運用方法であったり，慣例であったり，見解や解釈の仕方等，調べてもわからないことがあります。**

周囲に教えてもらい，口頭で聞き置くだけだと，そのときは納得して理解できていても，月日が過ぎると忘れていきます。忘れればそのときにまた聞けばよいのかもしれません。でも，せっかくです。どこにも書いていないのなら，自分でQ＆Aファイルをつくっておきましょう。Q＆Aファイルをつくることで，頭の中にもインプットされていくのです。

将来のために

Q＆Aファイルをつくっても仕事の担当は変わっていきますし，同じ問い合わせはないかもしれません。でも，Q＆Aファイルは将来管理職になったとき生きてきます。教育委員会で担当する仕事は学校現場に関わるものが多くあります。管理職になったとき学校現場で様々な事案が発生します。「この場合はどうすればよいのだろう」「これはこの対応でよいのだろうか」といったことがよくありますが，そのときＱ＆Ａファイルが役立つのです。

ただし，**内容によっては何年かして解釈が変わっているかもしれませんから，教育委員会に確認します。**問い合わせをしても自分が知らなかったくらいですから，今の指導主事も知らないかもしれません。その場合，過去にはこのように運用していたことを伝え，今もそれでよいのかを確認しましょう。

Ｑ＆Ａファイルのつくり方

難しく考えず，必要なところをファイルに綴じていくことでＱ＆Ａファイルができていきます。実際に悩み，質疑応答集の中に答えがあり，これは重要だと思えば，その部分をコピーしてファイルにするだけです。例えば，生徒指導での懲戒についての教育委員会の考え方。疑義があり，文科省等に問い合わせをした場合は，問い合わせの日時，応対者とともに問い合わせ内容と回答を記載し，そのペーパーをファイルしておきます。他課等関係部署と調整して了解を得た場合は，念のためペーパーにして上司の簡易決裁をとり，課室の担当ファイルに綴じるとともに，自身でその文書のコピーをファイルします。

このように，大事だと思うもの，ちょっと気になる用字用語のように知っておくと便利なものを綴じておきます。**一定のボリュームが出てくれば内容によって整理し，インデックス等をつけて分類すると，さらに使い勝手がよくなります。**せっかく事務局で仕事をしているのです。どこにも書いていない運用や慣例，見解，解釈等にも精通していきましょう。

事務局内部の条例等の解釈や運用，生徒指導等の見解など，どこにも書いていないことはＱ＆Ａファイルをつくって蓄積していこう。将来管理職になったときに大いに役立つ。

第3章

行政の仕事の心得

Chapter 3

24 仕事の情報とプロセスを共有する

情報を部署内部で共有することで，共通理解，共通認識のもとに仕事を進めることができる。
あわせて，プロセスの共有も図ろう。

情報共有の重要性

所属の部署にはいくつかの課や係等がありますが，行政の仕事は縦割りが基本なので，隣の係で今どのような仕事をしているのかよくわからないことが多いと思います。

自分の係の仕事であれば，決裁という形で自分の前を通っていくので，決裁書を見て他の担当者の仕事を把握することができます。

でも，他の係の仕事になると，決裁は回ってこないし，席が離れていて話をする機会がなければ，何をしているのかわかりません。

しかし，**学校現場から見れば，みんな同じ所属部署の指導主事**です。話のついでに「あれはどうなの？」「あの取組はどう？　進んでる？」と尋ねられます。そんなとき「私にはわかりかねます」では心許ないでしょう。

やはり，他の係のことでも多少のことは説明できる方がよいでしょうし，学校訪問など訪問先で聞かれて何も答えられないようではいけません。

所属部署の重要課題や重要施策，方針などは係に関係なくみんなが共通に理解し，共通の認識をもって事に当たる必要があります。生徒指導方針など人によって言うことが異なれば現場は混乱しますし，改革案などはどこまでが公表できるのか，全員が理解しておく必要があります。そのために情報共有は不可欠です。

上司もそのことは意識し，情報提供をしていることと思いますが，自分からも他の係の人とも積極的に話をすることです。

休けい時間や退勤途上にも話をすることができます。懇親会の場は貴重な機会です。お互い情報交換をすることで部署の状況や考え方がわかるようになります。

プロセスの共有も大切

情報だけでなく，プロセスの共有も大切です。

自分の仕事について，今ここまで進んでいる，関係者との調整が難航している，会場はこれから場所を探すところ，問い合わせがあればこの話をしておいてほしい…などなど，状況を周囲に伝えておくだけで，自分の不在時に上司が「あれはどうなっている？」と尋ねても，周囲の人が「確か今はここまでです」と答えてくれます。学校からの問い合わせに「担当は不在にしていますが，その件については私がお聞きします」と話を聞いてくれます。

自分の仕事や周囲の仕事がどこまで進んでいるのか，どのように進めているのか，お互いがプロセスを共有しておくことで，当事者がいないときでもいくらかの仕事を進めることができます。また，自分が次回，他の人の仕事を担当することになっても，仕事の進め方がわかっていますから，円滑に仕事を進めることができます。

情報の共有を図り，プロセスを共有することで，組織の風通しがよくなり透明化を図ることができますし，さらに**仲間意識も醸成され，組織が一枚岩になっていきます。**

情報やプロセスを共有することで共通認識をもつことができるとともに，風通しのよい組織をつくることができる。
ひいては仲間意識が醸成され，一枚岩の組織になる。

25 不在時にも仕事を動かす

指導主事は出張が多い。
職場不在のときに自分の仕事が止まっているか，動いているか。
賢い人は不在時でも仕事を動かしている。

不在時にも仕事が動くようにしておく

有能な人はついつい自分で仕事を完結させようとします。

他の人に任せるのではなく，一から十まで自分で行う。その方がいい仕事ができる。一教員ならそれでよいかもしれません。しかし，事務局ではそんな時間はありません。丁寧に取り組み，完成度の高い仕事をするのは理想ですが，いかんせん時間との勝負です。いくらよい出来でも締切を守れなければ何もなりません。

指導主事は出張が多くあり，会議や打ち合わせもあります。席にいないときは仕事はできません。しかし，そんなときにも仕事を進めておくしかけをしておくことが肝要です。

決裁であれば，できるだけ形をつくってあげておきましょう。そうすれば不在時でも決裁書は前に進んでいきます。突き返されて戻ってきて止まっているとしても，突き返される分だけでも少しは進みます。

完成度は少し低くても，上げておけば少しでも前に進むのです。推敲してよい文章にするのは後で構いません。決裁が回っている間に修正も入ります。その修正に合わせて推敲すれば文章は整います。

ただし，**いい加減な決裁はいけません。**手抜きだと思われますし，あなたの仕事ぶりがそのように評価されます。

留守中の仕事を頼んでおく

出張中でも問い合わせが入ります。自分の担当している仕事で問い合わせや連絡が入りそうなことについては，「このことで問い合わせがあれば，これを答えておいていただけますか」と他の人に頼んでおきましょう。

決裁書についても「○○についての決裁書が下りてきたら，次は△△課へ持って行っていただけませんか」と頼んでおきます。

先輩指導主事に物事を頼むのは申し訳ないと遠慮しがちですが，お互い様です。多くの時間を取るわけではありません。少しの手間と時間で仕事は着実に前に進んでいくのです。

時間がかかるものは早めに依頼を

仕事をしていると，他部署の資料やデータが必要になったり，人を推薦してもらったりすることがよくあります。すぐに用意できるものはよいのですが，依頼された方も，すぐと言われても無理なものは無理です。時間を要するものは早めに依頼しましょう。

自分が出張等でしばらく不在，特に数日間留守にする場合，自分の仕事をよく見渡して，**出張等から帰ってきてからの依頼では間に合わないもの，時間がかかりそうなものは先に依頼しておくこと**です。

そうすれば，自分が不在の間にも，依頼された方は資料を整えたり，だれを推薦するか考えたりすることができます。

自分が不在の間も前に進めることのできる仕事や，時間のかかる依頼事項は，不在になる前に目途をつけて依頼する準備をしておこう。不在時に仕事が止まるか動くかは大違い。

26 予算に強くなる

CHECK
学校教員は予算に疎い人が少なくない。
指導主事もまた然り。
予算は事業を行ううえで必要不可欠。勉強しよう。

決裁には予算案がつきもの

指導主事が上げる決裁には予算が伴うものも多くあります。何か事を起こせばお金が必要になります。まずはその意識をしっかりもちましょう。

例えば，何かの会議をするとなれば，まず会場費が必要です。「出席する人の交通費で学校教員の旅費は学校負担？」「お茶のペットボトルは出す？」「出席者の謝金は？　金額は？　その根拠は？」など，考えなければならないことは他にもたくさんあります。

新任指導主事には何のことかよくわかりません。会議の担当になって決裁を上げてと言われ，決裁書をつくり始めたものの，会計担当係のところでストップ，矢継ぎ早にお金のことを聞かれてもよくわかりません。「もっと安い会場に変えろ」「お茶はいらないだろう」とどんどん値切られます。「たぶん一人欠席になるのでその人の旅費でお茶を出して」と頼むと節が違うと言われ，最後は「もっと勉強してから決裁を上げろ」と叱られる始末です。

確かに新任指導主事にとって予算は難題です。しかし，丁寧に聞きながら勉強していきましょう。会計担当係は決められた予算をうまくやりくりして各事業が円滑に進められるように汗をかいています。その苦労も知っておかねばなりません。**会計担当係に言えばいつでも打ち出の小槌のように予算が出てくるものではありません。**

予算折衝

学校現場では，教員が予算で頭を悩ませることは少ないものです。多くは事務担当者が管理職と相談しながら進めています。

しかし，教育委員会では指導主事も予算を把握していなければなりません。

次年度の予算要求については会計担当者とともに首長部局の財政当局と交渉するのです。財政当局も大変です。各部局から予算要求がある中，少しでも税金を有効に使うために無駄は省き，効果的な事業に予算を回します。

教育委員会も会計担当者は必死で事業説明をし，教育効果を語り，緻密な積算根拠に基づき予算案を示します。

指導主事はその苦労も知っていないといけません。予算折衝の際に「この事業を行えばどんな効果があるか？」と問われ，「教育の効果はすぐには出ません。時間がかかります」と返答していてはだめで，「それならこの予算はすぐに効果の出る道路拡張事業の方に回そう」ということになります。

指導主事は予算に疎い。そのことを自覚して勉強しましょう。

款・項・目・節（かん・こう・もく・せつ）

予算を区分するときに使う名称で，「款」は最も大きな区分，その後に「項」「目」「節」と続きます。款と項の上位区分は議会で議決されるものです。各款及び各項の間では原則流用はできません。

款・項・目は目的別（教育費，土木費など）に分類され，節は性質別（旅費，需用費，委託料など）に区分されます。

指導主事は予算に疎いという自覚をもとう。
事業案は予算案とセット。予算を会計担当者任せにするのではなく，自分で作成する気概をもとう。

27 他部署や関係団体に自ら足を運ぶ

各自治体には首長部局や各種委員会，地方機関など様々な組織があり，さらには各種団体がある。
自ら足を運び，顔の見える連携をしていこう。

顔の見える連携を

事務局の仕事は，他部署や関係団体等との関わりの中で進めていくものが多くあります。他部署や関係団体ともしっかりと連携を図ることで円滑に仕事を進めることができます。

ここで大切なのは，顔の見える連携です。

他部署や関係団体等は場所が離れていますから，用件があればついつい電話で済ませてしまいがちです。しかし，ときどきは足を運び，直接担当者の顔を見て話をして，顔の見える連携を図りたいものです。

お互い顔を知っていると，電話だけでも安心感が生まれます。相談のときでも，相手の顔が浮かべば相談しやすくなります。**自分から足を運び，相手の顔を見て話をすることで連携も固いものになっていく**のです。

教育委員会事務局

事務局の他部署がどのような仕事をしているのか，普段はなかなか知る術がないかもしれませんが，他部署の人とも話をする機会をつくって関係を構築し，どのような仕事をしているのかを教えてもらうことはとても有益です。今後，その部署と連携した仕事を担当することになるかもしれません。

また，今は他部署の人でも，今後の異動によっては学校現場も含めてどこかで一緒に仕事をすることになるかもしれません。**今よい人間関係を構築しておくことは，将来のためにも大切なこと**です。

首長部局

仕事によっては首長部局との連携が必要なものも多くあります。予算，生徒指導，人事，福祉，人権，生涯学習，スポーツ，子ども政策などなど，お互いの協力がなければ仕事はできません。

首長部局には自治体のトップがいます。また，基本的に教員出身者がいません。**つい敷居を高く感じてしまいがちですが，臆することなく自ら足を運び，話をし，顔の見える関係を構築していきましょう。**

その他の団体

庁舎の外にも多くの関係団体があります。

警察との連携も不可欠です。子どもが事件・事故に巻き込まれたり，子どもの問題行動，教員の不祥事，また不審者の校内への侵入や爆弾予告などなど，警察に関わる事案は多くあります。**守秘義務は遵守しながらも平素から情報交換に努め，学警連携を積極的に推進しましょう。**

職員団体との連携も重要です。情報交換とともに各種事業についても意見を聞くことで，教職員の思いを踏まえた取組を行うことができます。

他にも，校長会や教育長会，また，青少年本部，PTA，自治会，スポーツ協会，人権団体，労働基準監督署，経営者団体等々，様々な団体があります。それぞれ顔の見える連携を図り，よい仕事をしていきたいものです。

よい仕事をするためには，他部署や関係団体との連携は欠かせない。自分から足を運び，顔を見て話をし，意見交換をすることで，顔の見える連携を構築していこう。

28 縁を大切にして，独自のネットワークを築く

仕事を進めるうえで人間関係ができていると円滑に進むことは多くある。一方でいろいろと情報収集できる人脈もあれば助かる。人のネットワークはあるに越したことはない。

ネットワークの必要性

指導主事が仕事を進めて行く際にはいろいろな情報が必要になります。

学校現場の状況，他の自治体の状況，各種団体の思い，講演の講師情報，教員の服務，裁判の判例，文化財の価値などなど，自分一人では調べようがないものも多くあります。そんなとき，だれかに頼ることのできる人脈をもっていると仕事を進めやすくなります。

人脈は自分でつくるものですが，**様々な集まりの機会を利用してネットワークを構築することを考えてみましょう。**

新任指導主事のネットワーク

指導主事になると，新任指導主事研修会があります。まずは同期の指導主事のネットワークを築きましょう。お互いのメールアドレスを記載した名簿をつくったり，SNS グループをつくったりしてネットワークをつくりましょう。宿泊研修であればお互い気心もわかるようになり関係はつくりやすくなります。できたら研修後でもみんなで集まる会を催すのもよいと思います。

その後，仕事を進めていく際に「他ではこの案件をどのように処理しているのだろう？」「この仕事はあそこの部署の協力が必要だけど，今そこはどんな状況だろうか？」などなど，知りたいことが出てきます。そんなときに

「あそこにはあの人がいるから，ちょっと聞いてみよう」ということができます。

また，新任の場合は，お互いはじめての事務局勤務で苦労しています。困ったことやうまくいかないこと，苦労していることも同じようにあります。**ときどき懇親の会をもち，そんな悩み事を話しながら，励まし合い，支え合い，助け合うこともできます。**新任指導主事の会は大切にしたいものです。

その他のネットワーク

各地区から出てくる会議や研修会があります。通常の簡単な集まりではネットワークを構築するのは難しいのですが，宿泊を伴うときはできるだけネットワークをつくっておくとよいでしょう。宿泊することでお互いが顔見知りになるので，ネットワークもつくりやすくなります。

公務員の仕事では，他地区との均衡ということがよく言われます。「よそはどうしてるんだ？」と聞かれます。そんなときは，各地区代表でつくったネットワークに一斉メールで質問しておけば，各地区の様子を聞くことができます。これは助かります。お互い様ですから，みんな協力は惜しみません。

他にも，同学年の仲間，同郷の仲間，女性指導主事の会，趣味の仲間などなど，懇親会をしながらネットワークをつくっていくことは，仕事を進めるうえではもちろんですが，仕事以外の困ったことや悩みなども話しながら，お互い支え合ったり助け合ったりすることができます。この関係は10年後，20年後，立場が変わっても続けることができます。**縁を大切にしながら生きていくと，必ずその縁に救われる場面が出てくるもの**です。

ネットワークづくりは仕事を円滑かつ効率よく進めるうえで有益。多くの人と関係をつくることは，仕事だけでなく，人生を豊かに過ごすためにも大いに価値のあること。縁を大切にしよう。

29 指導主事は理念を，人事主事は情をもつ

指導主事は教育理念を熱く語る。
人事主事は情を忘れず血の通った人事を。
どちらも根底に信念をもって取り組もう。

指導主事は理念をもって

研究協議会での指導助言，担当者会での説明，学校訪問時の指導助言，校長会等での事業説明，予算ヒアリングの際の説明などなど，指導主事はいろいろな場面で話をすることを求められます。

こうした場面でどのような話をどのように語るか，指導主事にとって大きな問題です。原稿を見ながら淡々と伝えるだけの話では，聞き手の心には届きません。指導主事の話には重みが必要ですが，その重みも聞き手の心に届いてこそ意味があるのです。

まずは，自身の中に確たる教育理念，そして信念をもちましょう。「これからの教育はこうあるべし」「未来を生きる子どもたちに求められる力はこれなんだ」という教育に対する理念や信念があってこそ，指導主事が語る話にも魂が入ります。魂の入った言葉は，自ずと聞き手の心に届きます。

特に，研究協議会や担当者会など教員に対して話をするときは熱く語りましょう。平素は事務関係の方々や管理職に話をすることが多いと思いますが，直接子どもたちの教育を担っている教員に語ることができる機会は貴重です。教員の心に指導主事の魂の入った言葉が届けば，その言葉に感銘を受けた教員は明日の授業からその思いを受け止めて授業をしてくれます。その思いを抱いて子どもたちに関わってくれるのです。

人事主事は情を

人事主事は教職員の人事を担当します。人事異動では校長の意見も聞きながら異動を行うのですが，人事の重みをしっかりと認識して，単に右から左へという異動をしないように気をつけましょう。

教職員の後ろには家族がいます。様々な家庭の事情を抱えています。何も考えずに異動を行うのではなく，意味のある異動となるよう，対象教職員に思いを馳せながら，細心の注意を払って異動を行いましょう。

時に，無理をお願いする異動もあります。都道府県レベルでは，管理職の場合には単身赴任を伴う異動もあります。家族と離れて暮らすことは家族にとっても不安です。また，大きな難題を抱えた学校への異動もあります。そんな無理をお願いした教職員には，次の異動で配慮をしてください。

自分が担当者である限りは覚えていると思いますが，その対象者の異動のときは担当が変わっていることも少なくありません。単身赴任などは無理をお願いしたことは目に見えていますが，目に見えないところで無理をお願いしていることもあります。**無理をお願いしたことを，きちんと次の担当者につないでおきましょう。**そのためには，無理をお願いした人のその後を見守り，心にとどめましょう。そうすれば次の担当者につなぐことを忘れません。それが血の通った人事です。

単に右から左への人事ではなく，その異動がその人にとってよい異動なんだと言えるように，そして自分の行った人事の後，異動した人のことを見守ることも忘れないでください。

指導主事は，自身の理念や信念に基づいて熱く教育を語り，人事主事は血の通った人事を行う。
それが結果として子どもたちの教育につながる。

30 苦情対応は真摯に耳を傾け，共感を示す

教育委員会には住民から様々な苦情が入る。
時に「あなたでは話にならん，上の者を出せ！」と言われる。
そんなとき，どうすればよいのだろうか。

苦情対応は想定内

教育委員会には住民からの苦情がよく入ります。

「学校の放送がうるさい」「子どもの通学態度が悪い」「生徒が公園でたばこを吸っている」「担任の態度が悪い」…と，子どもについての苦情，教師に対する苦情，学校の対応への苦情，様々な苦情が入ります。

その多くは担当指導主事が対応します。「学校に伝えます」で解決すればよいのですが，簡単に解決できないものも少なくありません。

「学校に言っても学校は全然動かない，らちがあかん，だから教育委員会に話をしているのだ！」と，なかなか納得してくれません。

そのうち，「あなたでは話にならん，上の者を出せ！」ときます。

そのとき，あなたはどうしますか。上司に「すみません，私ではダメなので上司を，と仰っています」と言って，上司に後をお願いしますか？

その対応は，指導主事としては失格です。

確かにあなたでは話にならないのでしょうし，上司が出てくれば話は早いのでしょう。上司も苦情のさばき方はよく知っていますし，相手も上司に苦情を伝えればそれだけで納得することも少なくありません。

しかし，上司は指導主事以上に忙しいものです。その忙しい上司の仕事の手を止めるようなことを簡単にしてはいけません。

基本的には「この件につきましては私が担当ですので，私がお聞きします。もう少しお話をお伺いいたします」と言って，指導主事が対応します。苦情によっては，2時間も3時間も話を聞くことになる場合もあります。しかし，苦情対応も仕事のうちです。2時間3時間かかるときも仕事と割り切って対応しましょう。

電話だけでなく，直接来庁される方もいます。その場合は，そこに上司がいるので，気をつけないとすぐに上司が巻き込まれます。「そこにいるのはあんたの上司か，ちょっとあんた」と言って席を立ち，上司の席の方へ行こうとする人もいます。そうならないようにしっかりと話を聞くことです。**あなたが真摯に耳を傾け，共感しながら話を聞けば，多くの場合「あんたでは話にならん」とはなりません。**

☑ 理不尽な苦情

時には理不尽な苦情もあります。理不尽な苦情の対応は疲れます。

しかし，いい加減帰ってほしいという思いからの安請け合いは禁物です。できないことや無理を言ってるのに「はいわかりました」はいけません。逆に「それは無理です。以上です」と言いきると，「その態度はなんだ。聞く気はないのか。住民に失礼だ。上司を出せ」と本来の苦情とさらに対応の態度への不満も加わって上司に向かいます。

理不尽な苦情は我慢比べです。苦情には真摯に耳を傾けながらも，安請け合いは避け，相手が疲れて，振り上げた拳を下ろすまで辛抱です。

苦情対応も指導主事の立派な仕事。通常の苦情は理解を示し，真摯に対応すれば解決を図ることができる。理不尽な苦情も，終わりは見えにくいが，安請け合いは避け，辛抱強く対応しよう。

31 仕事のプライオリティを見極める

CHECK 指導主事は同時にいくつもの仕事を抱えている。
大切なのは優先順位。締切や難易度，最優先を踏まえ，今は何をすべきかを考えて仕事をしよう。

マルチタスク

指導主事は多くの仕事を担当します。そして，担当の仕事一つひとつについて，その都度にすべきことがあります。

例えば研修会。実施までには，日程や会場の確保，内容の企画，通知文書，出席者の確認，班分け，司会や記録者の依頼，業者との打ち合わせ，講師の選定や依頼・打ち合わせ，分科会の打ち合わせ，配布資料の準備，謝金や会場費等の予算確保などなど，同時並行で多くの仕事をしなければなりません。他の各担当の仕事にも，このように多くの個別の業務が伴います。

そのうえ，日々電話や来客があり，他部署や議会からの問い合わせ，苦情対応もあります。１つの仕事にじっくり取り組む余裕はないので，聖徳太子ではありませんが，**同時にいくつもの仕事をこなしていく必要があります。**

優先順位

注意しないといけないのは，優先順位です。多くの仕事には締切があります。期限が決まっているものは，それに間に合うように逆算して仕事をしていく必要があります。また，講師の推薦依頼など頼んでもしばらく時間を要するものもあります。複数の仕事を抱えながらも期限や仕事の内容，難易度を踏まえて優先順位を考えて仕事を行いましょう。締切を意識するためには付箋に書いて目につくところに貼っておくことです。

また，仕事には比較的進めやすいものとそうでないものがあります。人間ですから，進めやすい仕事や簡単な仕事から手をつけたくなり，苦手な仕事はつい後回しになります。しかし，どんな仕事でも期限までに仕事を終えなければなりません。**苦手な仕事は時間を要します。だからこそ早めに着手しましょう。**期限が迫ってきてからでは間に合いません。

トッププライオリティ

マルチタスクには優先順位が必須です。中でもトッププライオリティ，最優先の仕事は何なのか，それをしっかり意識しておくことです。

最も急ぐ仕事があれば，何をおいてもその仕事を仕上げなければなりません。最も丁寧に仕上げるべき仕事があれば，時間をかけて上質の仕事をしないといけません。

一日の仕事を考えた場合でも，まずは最優先の仕事から手をつけていくことです。「朝からいきなり重たい仕事は気分が乗らないから，最初は軽めの仕事をして，重たい仕事は午後にしよう…」と思っていても，教育委員会ではいつどんな仕事が飛び込んでくるかわかりません。急な苦情対応が入り２時間かかってしまった，急に代理で出張することになった，別の係の仕事をみんなで応援することになった…と，何が入ってくるか予測はできません。

最優先の仕事は，できるうちに進めておかないと，いつどうなるかわかりません。常にトッププライオリティを意識しましょう。

複数の仕事を同時に行う場合は優先順位を考えよう。
限られた時間の中で，締切と難易度，最優先から逆算して，まず何から着手するべきなのかを検討したい。

32 教育委員会への問い合わせや要望は，常に住民の立場で対応する

住民や学校から教育委員会への問い合わせや要望は数多い。
窓口がわからず電話をしてくるケースも多いが，ワンストップ対応で答えよう。

廊下の境の掃除はどっちのクラス？

学校では，子どもたちが掃除をします。各教室の掃除とともに，教室の前の廊下の掃除も担当します。１組と２組の廊下の境界の掃除を考えてみましょう。お互いちょうど境界のところまで掃除すると，境目にはゴミが残ります。お互い境界よりも50㎝向こうまで掃除をすればゴミは残りません。

行政も同じです。各部署，各係，それぞれ仕事の棲み分けがありますが，どちらの仕事かわかりにくいものもあります。

そもそも外部の方には，棲み分け自体がわかりません。通学路が狭くて危ない，子どもが平気で道にゴミを捨てている，部活動の練習の声がうるさい，教師がきつい指導をしておりパワハラだ…などなど，教育委員会に話をしようと様々な電話がかかってきますが，学校教育課であったり，義務教育課であったり，総務課であったり，電話がかかる先も様々です。

そのとき「申し訳ないです，本課の担当ではありません。それは○○課です」といって電話を回します。○○課が出ると，もう一度用件を聞きます。すると「その件は担当係が違います。△△係です」とまた次の係に回され，その係でまた同じように説明をします。「その担当者はただいま出張で不在にしています。午後には戻りますので，後ほどおかけ直しください」。こうなったら，問い合わせをしてきた方は怒り心頭です。

ワンストップ対応

教育委員会の仕事は教育行政サービス職でもあります。住民に対して行政として丁寧に対応すべきです。

大きな自治体では課室も多く，学校のことは学校教育課，運動部の部活動のことは体育保健課，教職員のことは教職員課…と細かく分かれていますし，同じ課の中でもいくつか係があり，子どもがたばこを吸えば生徒指導係，授業の在り方のことであれば教務係などに分かれています。

しかし，例えば「中学校の部活動で教師の指導が厳しすぎるので何とかしてほしい」となれば，どの課の事案なのかさえわかりません。こういった場合，どこが電話を受けようとも，電話をしてきた住民のことを第一に考え，できるだけワンストップ対応を心がけましょう。自分が聞き置き，担当へ報告に行くことで事足りる場合はそうしましょう。別の窓口に転送するときでも，こちらで担当の課室，担当の係までつなぎ，用件の概要までを伝えておけば，住民がまた一から説明する必要はないでしょう。それを怠ると，**たらい回しにされたということで，その対応までもが苦情の対象になってしまいます。**常に住民の立場，電話してきた方の立場で考えて対応しましょう。

学校からの問い合わせについても同様です。学校にはつい身内感覚で甘えてしまいやすいのですが，教職員でも教育委員会の窓口がわからない人はいます。**学校に対しても住民同様丁寧な対応が求められます。**

だれであろうと相手のことを考えて，できるだけワンストップ対応を心がけ，できない場合も丁寧な対応を行いましょう。

教育委員会の組織は外からは見えにくいもの。
外部からの問い合わせには丁寧に，できるだけワンストップ対応を心がけよう。それも大事な住民サービス。

33 先に汗をかく意識をもつ

楽は苦の種，苦は楽の種。
どこかで汗をかかないと仕事はできない。後でかく汗は冷や汗であり脂汗。先にかく汗は爽やかで充実感のあるものになる。

仕事に汗はつきもの

先に汗をかいておくと後が楽になる。一方，少し楽をして汗をかかずにいると，後で大変な思いをして冷や汗や脂汗が出てくる。

こんなことが仕事の場面でもあります。

例えば，新規事業について説明会を開くとき。質問がたくさん出そうだと，事業の必要性や予測される効果はもちろん，他の自治体の状況や過去の事例等を調べて資料を作成，Ｑ＆Ａも入念に作成して説明原稿もでき上がり。これだけ準備したから何を聞かれても大丈夫だろう…と思って説明会で話をしたら，意外に理解を示してくれて，何の反対意見も出ず，なにか肩透かしを食らったような気持ちになる。そんなことがあります。

一生懸命汗をかいたのに無駄に終わったわけではなく，何の反対も出ずにみんなが理解してくれたなら言うことなし，喜ばしいことです。

これがもしも「質問は出るかもしれないが，何とかなるだろう」と準備不足で説明会に出ると，そのようなときに限って厳しい質問が相次ぎ，うまく回答できず，狼狽しながら冷や汗や脂汗をかくことになるものです。

仕事には汗が伴います。どうせかく汗なら，先にかいておくと後が安心です。先に手を抜いて楽をすると，後でかく汗は冷や汗や脂汗になるのです。

先に汗をかく

事業などの決裁を上げるときには，事前に関係者に話を通しておきましょう。予算であれば会計担当係に先に見て了解を得ておくことです。

いきなり決裁書を出したら，初見なので疑問だらけです。「これどういうこと？」とその都度内容について聞かれたり，疑義が出てきたりして，結果，修正や調整に苦労しながら決裁が下りるまで汗をかくことになります。

新規事業や新たな企画も，事前に関係者と話をすることです。**特に他の係や他の課室，首長部局等にも関係することであれば必ず先に足を運んで話を通しておきましょう。**案がほぼ固まってから協力を依頼しても「今からでは無理です」ということになればーから考え直さねばなりません。相当な汗をかかないと修復は難しくなります。

関係するところには先に話を通して了解を得ておく。先に手間をかけることに汗を流しましょう。

苦情対応も然りです。**理不尽な要望はだれでも逃げたいものですが，安易な回答をするのではなく，今踏ん張ることに汗をかきましょう。**長時間に渡ることもありますし，腹が立つこともありますが，落ち着いて冷静に対応をしましょう。「要望については検討します」と譲ればその場は収まります。しかし，その後が大変です。上司には「できもしないことに期待をもたせてどうするんだ」と叱られ，住民からは「あれはどうなった」とさらに追及され，窮地に陥ります。また，非がないのに謝罪すれば非を認めることになります。そうなれば相手は余計勢いづき，さらなる要望へと発展していきます。

仕事に汗はつきもの。準備に汗を流したり，事前の説明や調整に汗を流す。また今ここで汗を流す。
先に汗をかくことで仕事はうまく進む。

34 「４つの目」をもつ

指導主事の仕事は多岐に渡る。上司の考えを尊重しながらも，学校現場の思いを大事にしたい。逆の発想も考えながら先の先を読んで取り組んでいこう。

４つの目

指導主事は，以下の４つの目（視点）をもつことを意識しましょう。

①鳥の目…マクロの視点　②虫の目　…ミクロの視点
③魚の目…トレンドの視点　④コウモリの目…逆の視点

「鳥の目」は，広い範囲を高所から俯瞰する目のことです。「虫の目」は，近いところを複眼を使って様々な角度から注意深く見る目のことです。「魚の目」は，水の流れや潮の満ち引き，つまり世の中の流れを敏感に感じる目のことです。そして「コウモリの目」は，コウモリが天井にぶら下がって逆さまにものを見ているように，逆の発想でものを見る目のことです。

上司は指導主事よりも高い視点で，そして広い世界でものを見ています。「上司はどう考えているか，何を考えているのか」といった上司の視点に立って仕事をしていきましょう。自分だけの考えでは上司の考えと異なり「これではダメだ」ということになります。**常に１つ上，２つ上の高い視点から広い視野で考えることが肝要**です。それが「鳥の目」です。

そして，子どもや教職員など学校現場を大切にするミクロの視点です。学校教育は，まずは子どもの目線を大切にすることを忘れてはいけません。またそのために日々教育に勤しみ子どものことをわかっている教職員の思いも大切にしなければなりません。社会教育も同様に関係する人々の思いを大事にしてください。**指導主事は一番学校現場に近い**のです。その現場の思いを大切にする視点，それが「虫の目」です。

また，アンテナを高くして，様々な情報を収集することです。変化の激しい先行き不透明なこれからの時代の教育の方向性，政治や経済の動向，他の自治体の取組などなど，情報をもっていることは強みです。あわせて，自身の仕事のその後の動きを予測することも大切です。この事業を行えばこの後どんな動きになるのか，教職員はどう考えるか，保護者は，住民は…と先々を考えて手を打っておきます。関係者に事前に話を通しておいたり，調整をしておいたりすることができます。落としどころを読み，戦略を考える。**先の先を読んで，それが次にどのような動きに発展するのかを考えること**です。それが，水の流れを読む「魚の目」です。

そして，コウモリのように逆の視点でものを見る目も必要です。逆の立場から考えてみる，発想を変えてみる，異なる視点で見直してみる，常識を疑ってみる，固定観念を捨ててみるなど，視点を切り替えるのです。

「いつもの企画を現場の教職員に考えてもらったらどうだろう」「そもそもこの事業は必要なのだろうか」と，**当たり前と思っていることを根底から疑ってみることが，時には有効な策になるかもしれません。**それが「コウモリの目」です。

このように，指導主事は様々な視点で物事を捉え，多面的・多角的に判断することが求められます。

指導主事は上下左右360度に視界を広げ，多面的・多角的に物事を判断したい。１つのことでも，様々な視点から捉えることで，漏れや隙のない仕事ができる。

35 法令は遵守しつつ柔軟な思考を働かせる

CHECK
とかく役人は杓子定規，お堅いと思われている。
法令遵守は絶対だが，運用面で柔軟に思考することでうまく対応することを学んでいこう。

発想の転換

以前，こんなことがありました。

ある英語の研修会があり，参加者とサポートしてくれるALT，そして主催者の人数分の弁当を注文していました。ところが，不参加者が出て，少し弁当が余りました。みんなすでに昼食を終え，午後の研修に参加しています。研修終了後，サポートしてくれたALTたちに余った弁当をあげようとしましたが，よく見ると消費期限の時刻を少し過ぎています。消費期限を過ぎた弁当を食べて，もしも腹痛を起こせば教育委員会の責任です。そんなことはできません。しかし，捨てるのももったいない話です。ALTたちは，「大丈夫です。もしも腹痛になれば自分が責任をとります」と言ってはくれるのですが，教育委員会として消費期限を過ぎたことがわかっていて「弁当を食べていいよ」とは言えません。

さて，どうしたでしょうか。

弁当は消費期限の時刻を過ぎていたので廃棄しました。ただし，その廃棄された弁当をALTが持ち帰りました。この場合，廃棄することで所有権は放棄され，遺失物等横領にもなりません。

大した話ではないかもしれませんが，法令遵守や説明責任が厳しく問われる時代だからこそ，不正不当なことはできません。**いつどんなところで責任**

を問われるかわかりません。常にだれに指摘されても説明できるようにしておかねばなりません。

柔軟な思考

学校からの要求や住民からの要望は多種多様ですが，できないことはできません。…と言い切ることも大切ではありますが，うまく運用する方法を探るのも学校のため，住民のためなのです。

「これはできるのでしょうか？」と尋ねられて，ルールに「できない」と書いてあればできません。仕方ないことです。しかし，「できない」と明確に書いていないのなら，できるかもしれません。方法を探ってみましょう。

例えば，締切直後に駆け込んできた人が「バスが渋滞していて締切時間に遅れましたがダメでしょうか？」と哀願します。事にもよりますが，もしも支障がないのであれば，自分の時計を見て「私の時計はまだ締切前です」と応募書類を受け取るのもありかもしれません。

ただし，**公平性にはくれぐれも気をつけましょう。**締切に間に合わなかったと言って帰ってしまった人がいたり，応募者が多く抽選になるような場合は，このような対応はすべきではありません。

思いつきだけの臨機応変ではなく，条例や規則を熟知することで，法令遵守のもと，学校等のために運用することができるようになります。

判例集も読みながら具体的な実践の中で柔軟な思考を身につけていきましょう。

相手の思いを大切にし，杓子定規な対応から柔軟な対応へ。
柔軟に思考し，臨機応変に対応するには，法令や規則等を熟知し，実践を通して学んでいこう。

36 常に根拠をもって仕事をする

CHECK
各種事業の企画立案や規則・要綱の作成。
また数々の説明や指導助言。
常に「なぜ？」と問われる。すべてに根拠が必要となる。

新規事業

新しい事業を起こすときには，なぜその事業が必要なのかを問われます。予算を伴いますから当然です。税金を投入するのです。成果を求められるのは当然ですが，そもそも何のためにこの事業を行うのか，きちんと説明できなければいけません。「上司にやれと言われたから」では通りません。

「教員の多忙化が叫ばれているときにまたこんな事業を行うのか」「現場ではこのような取組をする余裕はありません」「本校にはメリットはない」と否定的な意見も出ます。そんなときに胸を張って事業説明をするためには確たる根拠が必要です。**必要性や効果を説明できなければその事業は失敗します。**

規則や要綱

新たな規則の制定や各種取組の実施要綱等の作成も指導主事の仕事です。これらは今後，物事の判断基準や事業展開等の根拠になります。後にトラブルがあっては困ります。緻密な調査や詳細なデータ収集，他の自治体の取組も参考にしながら策定していきます。

このときも根拠が必要です。「なぜ規則を制定するのか」「なぜこうするのか」と，一つひとつについて問われます。**条例や規則，要綱は住民が見てわ**

かるものにしないといけませんし，住民に問われても説明できるものにしなければなりません。

数字の根拠

数字の説明も難しいものです。「5,000円補助します」と言えば，「なぜ5,000円なのか」「6,000円ではだめなのか」と問われます。説明できなければ再検討を求められます。**いくら立派な理念のもとに策定しようとしても，説明できなければお蔵入りです。**

各種研修会

研修会のテーマ，講師の選定，事例研究の題材等，これらを決めて起案をしなければなりません。「なぜこのテーマ？」「なぜこの講師？」「この人の場合旅費が高いけれど，それだけの価値はあるの？　近隣のあの人ではなぜだめなの？」「事例研究はなぜこの題材？　他の題材よりどうよいの？」といった問いにすべて説明できなければ差し戻しです。

指導助言

指導助言を聞いた人から「なぜですか？」と問われます。

自分の思いは個人の見解です。時にそれも必要ですが，**自治体としての指導や助言には根拠が必要です。**「中教審の答申にもあるように…」「これについては文科省が通知を出していて…」「これは文科省の調査から言えることですが…」とすると，指導助言の信頼性も高くなります。

根拠をもって仕事をする。根拠がなければ説明ができない。説明できなければ頓挫する。熱い思いはあっても思いだけでは動かない。確かな根拠に基づく取組は揺らぐことはない。

第4章

学校現場との信頼関係構築の心得

Chapter 4

37 教育長代理という認識で学校訪問指導を行う

学校訪問時の指導主事は教育長代理。
凛として，そして謙虚に指導助言をしよう。
そのためには，しっかり予習をすること。

指導主事は教育長代理

学校訪問指導。指導主事が学校を訪問し，授業等を見て研究協議を行ったり，学校運営についても指導助言を行ったりします。指導要録や出勤簿等，書類の点検も行います。

自治体によって，また担当によってその内容は様々ですが，計画的に学校を訪問する学校訪問指導は，学校にとっては大きな行事です。

授業等を行う教員は，学習指導案を作成し，入念に準備をします。事務職員は諸帳簿を点検し，漏れがないか確認します。生徒指導や教務等の主任は担当の部署のまとめの資料を作成し，教頭はその資料も含めて学校の概要や教育目標，特色ある教育活動など資料を作成します。前日にはいつもより念入りに掃除をし，校務員にも草木の手入れを頼みます。当日も教頭は少し早めに校門に出てお迎えをします。

学校によって対応は異なるかもしれませんが，学校訪問指導にやってくる指導主事は丁重にお迎えをします。その理由の1つは，指導主事は教育長代理という意識があるからです。指導主事は教育長の代わりに学校を訪問し，授業を見，帳簿を見，学校運営の状況の報告を受け，それらに対して教育委員会として指導助言をします。

学校訪問指導はそれだけの重みがあるのです。指導主事は教育委員会に帰った後，報告書を作成しますが，その報告書は教育長まで届きます。教育長はその報告書を読み，学校の状況を把握するのです。

学校訪問指導に赴く指導主事は教育長の代理として赴いているのだという自覚をもつことが大切ですし，学校はそんな思いで迎えてくれているということに感謝と敬意の気持ちをもたないといけません。

決して奢らず，しかし凛として，そして謙虚に，真摯に学校と向き合いたいものです。

訪問前には必ず予習を

学校訪問指導は，学校にとって大きな行事です。だからこそ，指導主事はそれに応えるだけの指導助言が求められます。

そのためには，しっかりと予習をしてください。訪問校の特色や課題，聞かれそうな質問について調べておくことなど，「さすが教育長代理だけのことはある」と思ってもらえるように万全の用意をして臨んでください。

それが学校に対する礼儀です。

事前に教頭が学校訪問の打ち合わせに来ることも多いと思います。その際，学校がどのような課題を抱えており，どのようなことを指導してほしいのかなど，学校の思いを聞いておくことも大切です。

当日は少し早めに行き，子どもの様子を見るのもよいと思います。そして，「御校の子どもさんたちはよくあいさつをしてくれますね」「花がきれいに咲いていますね」など，**最初はよいところを見つけてほめるところから会話を始めていくと，学校も安堵感に包まれて気持ちのよい訪問指導になります。**

学校にとって訪問指導は大きな行事。
その重みを十分理解し，重く受け止めて訪問しよう。
そのためには学校の課題等も含め，事前の予習が大切。

38 学校訪問指導では校長を支援し，校長に学ぶ

教育委員会は校長の学校運営を支援するのが仕事。
学校訪問指導においても，校長に敬意を表し，校長の学校運営を支援しよう。そして校長から学ぼう。

指導助言は校長の思いも含める

学校訪問では，教員に対して指導助言を行う場面があります。

研究授業の指導助言を行ったり，学校運営についての指導助言を行ったりします。この指導助言の際に校長の思いも含めて伝えることがポイントです。

事前に校長と打ち合わせをする際に「この後の指導助言で，指導主事から伝えておいた方がいいことはありませんか」と聞いてみましょう。

例えば，校長が普段から教職員に伝えていることや，これからこんなことをしたいと考えていることについて，指導主事が側面から支援する形で指導助言をすることで，後々校長はそのことを進めやすくなります。

「やっぱり教育委員会も校長と同じことを言ってるなぁ」「校長の言うとおりだな」と，校長の思いの裏づけとしての指導助言は大きな効果があるのです。

また，校長が進めようとしている学校改革等に露払い的な助言（「今後の学校の在り方はこの方向で進めていく必要があります」などの話）をしておくと，次に校長が話をするときにも「先日指導主事から話があったように…」とつないでいくことができます。

事前に校長と打ち合わせをする際に，「指導主事を利用していただけるなら利用してください」という形で，話をしておきましょう。

訪問の後にはお礼を

学校訪問指導が終われば，あとは報告書の作成，また次々と通常業務がやってきて，日々の仕事に忙殺されます。

しかし，学校訪問が終わったら，翌日にでもお礼の電話をかけるかメールを送り，「昨日はお世話になりました」というお礼の言葉を伝えましょう。その際は，**学校訪問で学んだことや校長に教えてもらったことなどを添えます。**そうすることで相手の心に届く心のこもったお礼になります。

たかがお礼ですが，こうして心を込めたお礼の言葉を伝えることで校長との信頼関係が構築されていきます。「丁寧な指導主事だ」「話をよく聞いてくれている」「この指導主事なら誠実に相談に乗ってくれる」というふうに，少しずつですが，よい印象をもっていただけます。

できれば，メールか手紙のように，文章として残るものの方がより効果的です。ぜひお礼の言葉を伝えましょう。

校長から学び続ける

訪問指導を機会に，その後も校長から学ぶ姿勢で敬意と感謝の気持ちをもって付き合うことで，信頼関係を構築していくことができます。

一国一城の主である校長からは，学校運営や人事管理等，多くのことを学ぶことができます。**これは自分の将来にわたって生きてくる，とても大きな財産になります。**せっかくのご縁を大切にして，末永くお付き合いすることをおすすめします。

校長は一国一城の主。敬意を表するとともに学ぶことも多くある。学校訪問指導では，校長の支援を忘れず，あわせて貴重な学びの機会としよう。

39 学校訪問指導は自身の学びの場と捉える

学校には学ぶところがたくさんある。
学校訪問指導を自身の学びの場にしよう。
校内を見て積極的に学びたい。

学校訪問指導は貴重な学びの機会

学校訪問指導は，学校の姿を間近に見ることのできる貴重な機会です。

学校現場で仕事をしているときは，多くの学校を訪問することはありません。自分が経験した勤務校は数校，出張等で他校に行くのも数校です。教頭から校長になった場合でも，訪問する学校はそう多くはありません。

それに比べると指導主事は多くの学校を訪問することができます。これはとても恵まれたことです。訪問指導や研究会の会場として訪問することもあります。また他の自治体への出張もあります。形態は様々ですが，どこの学校にも学ぶべきものがたくさんあります。**それを素通りして帰るのはとてももったいない話**です。ぜひ積極的に学びたいものです。

まずは校長と話を

訪問指導で学校へ行く場合は，まず校長にいろいろと教えてもらいましょう。このことは前項でも述べたとおりです。

用件が終わった後，雑談をする場面があります。このような機会も大事にしましょう。校長も教育委員会のことを聞きたいものですが，せっかくの機会です。こちらも学校のことや校長学などいろいろと聞いてみましょう。

学校施設の見学

また，せっかくの機会ですから，**校内を見せてもらいましょう。**いろいろな施設を見て回ると勉強になります。「玄関まわりの植栽がきれいだ」「空き教室をこんなふうに利用しているのか」「中庭のベンチはいい感じ」「廊下の掲示を工夫している」「トイレ美化の工夫がいいなぁ」などと，いろいろな発見があります。図書館の工夫も各校様々です。廊下の掲示板にも多くの発見があります。

気になることがあれば校長に尋ねてみましょう。例えば，掲示板に右のような「元気の木」があったとき，「これは何ですか？」と尋ねれば，「これは子どもたちから募集した元気になる言葉を集めたものです」と教えてもらえます。

学びの蓄積を

大切なことは，**学校訪問の後，「この取組はいい」と思うものをきちんと記録し，蓄積しておくこと**です。いつか自分が校長になったとき取り組みたいと思うこと，教員研修で紹介したいことなど，将来自分が学校現場に戻ったときのことをイメージして学校を見て回ると，見えるものも変わってきます。せっかくの機会です。学校からたくさん学んできましょう。

学校訪問は宝の山。将来，学校現場へ帰ったときに役立つものがたくさんある。それをその場限りにしないで記録し，蓄積しておくこと。

40 指導助言のために教養を深め，自分の言葉で熱く語る

指導主事は指導助言が仕事。
指導助言のためにしっかり勉強し，教育の最先端にいる自覚をもって熱く語ろう。

指導助言は重要な仕事

指導主事はいろいろな場面で指導助言を行います。学校訪問をした際の指導助言，各種研究協議会の場での指導助言，各教科部会での指導助言，校長会での指導助言などなど，指導助言の機会は多様です。

多くの教職員は，指導主事はどのような指導助言をするのだろうか，と耳を澄まします。指導主事の言葉は示唆に富んだよい話だろうと期待もします。

指導助言によって，「よしがんばろう」と聞く人の気持ちを奮い立たせることができれば，このうえない喜びです。逆に，聞く人を失望させる指導助言では困ります。指導助言はとても重要な仕事なのです。

まずはしっかり勉強を

指導主事の条件は教育に関し識見を有し，かつ学校における教育課程，学習指導その他学校教育に関する専門的事項について教養と経験がある者です。

指導助言をしようと思えば，当然そのことについて深い教養が必要です。しかし，指導主事はすべてのことを熟知しているわけではありません。はじめて担当するものも多くあります。教員時代に取り組んできたことならまだしも，はじめての担当については，指導助言どころではありません。

専門的事項について「教養と経験」と言われても，経験はまったくありま

せんから，あとは教養です。つまり**しっかり勉強し，教養を深めること**です。

勉強を重ねていけば，適切な指導助言ができるようになります。そこは指導主事のプライドです。しっかりと勉強をすることです。

時に，指導助言をした後に質疑応答の時間がある場合もあります。通り一遍の指導助言をしていたのでは，質問されたときに返答ができません。それは指導主事として恥ずかしいことです。少々の質疑ならきちんと答えを返せるように，一歩踏み込んで勉強をしておくことです。

自分の言葉で熱く語る

指導助言では，学校現場の教職員に対して直接思いを語ることができます。これは，とても貴重ですばらしい機会です。

指導主事の道を選んだときの願いの１つに，「教育を変えていきたい」という思いもあったのではないでしょうか。また，指導主事として多くのことを学んでいく中で，「これからの教育はこうあるべき」「このような教育を進めていきたい」といった思いも沸々とわいてくると思います。

そういった願いや思いを，教職員を前にして熱く語りましょう。それが指導主事のやりがいの１つです。型どおりの助言を淡々と語るだけではもったいない話です。ただし，個人の思いを勝手に語ってはいけません。国や自治体の方針があります。そこから外れてはいけません。**国や自治体の思いを自分の言葉に直し，聞いている人の心に届くように思いを込めて熱く語りましょう。**

指導助言は指導主事の本分。
教職員の心に届く指導助言をするためには，まずはしっかりと勉強すること。そして自分の言葉で熱く語ること。

41 学校現場を軸に判断する

教員出身の指導主事は，学校現場を知る貴重な存在。
充て指導主事の意味をかみしめ，現場を大切にしたい。
現場を支援するのが教育委員会の仕事。

充て指導主事

教育委員会には行政出身の事務局職員と教員出身の事務局職員がいます。多くの指導主事は充て指導主事で，学校現場の教員から教育職の事務局職員として来ています。

教員出身の指導主事の強みは，学校現場を知っていること，子どもの教育に携わってきたことです。子どもたちに授業を行い，学級経営をしてきました。教務や生徒指導等の分掌も経験し，いじめや不登校，問題行動等にも取り組んできました。キャリア教育や人権教育など学校教育に関する多くのことに実際に取り組んできました。これはとても大きなことです。

教育委員会は学校現場を管理し，リードするとともに，学校現場を支援します。そのために様々な施策を講じますが，その施策を学校現場の立場で考えることがとても重要です。**よかれと思って構じた施策が学校現場では余計な負担になるかもしれません。**そこで現場をよく知る指導主事の出番です。

「確かに子どものためにはいいことかもしれないけれど，教員の負担が増え，疲弊してしまう」「いい施策だけど保護者負担が大き過ぎてPTAの理解は得られないな」「この取組は子どもの実態とはかけ離れていて活用する子どもは皆無だろう」といった意見を言えるのが学校現場を知る指導主事であり，実際意見を言わねばなりません。そのための充て指導主事です。

現場を大切に

指導主事も，最初のうちは自身の経験を基に判断できますが，事務局経験が長くなると自身の経験は古くなってきます。いつまでも自身の経験を基に判断していては，時に間違うことがあります。

本質的なことはそう変わらないものですが，それでも子どもの状況や保護者の意識などは変わっていきます。教育の在り方も変わります。

現場感覚を大切にするとともに，現場の状況を知る努力もしましょう。教職員や管理職との付き合いも大事にすることです。

校長や教頭はよく教育委員会に来られます。その際「最近学校の方はどうですか？」とひと言声をかけることで，学校の状況を知ることができます。立ち話だけでも「この間は授業参観があって…」「いや最近の保護者は…」「最近暑いけど本校では熱中症対策のために…」などなど，学校の状況を教えてくれます。

出張に出かけて時間があれば近くの学校に寄ってみましょう。ちょっと近くまで来たのでと言って，校長と話をしてみましょう。もちろん校長も多忙です。無理はできません。でも，現場を知る努力を惜しまないことです。

学校現場や子どもの状況を踏まえてこそ教育施策は生きてきます。それらを知らずに教育施策を構築しても，協力は得られません。

学校現場と教育委員会がしっかりと連携することでよい教育を推進することができます。現場を知る，子どもたちを知る，保護者や地域の状況を知る。そのうえで，現場を軸に判断することを大切にしたいところです。

学校現場をリードし，支援するためには現場を知ることが不可欠。
機会あるごとに学校現場の状況を把握しよう。
そして，学校現場を軸にして取り組もう。

42 校長が教職員に説明できないことを依頼しない

CHECK
校長に無理をお願いする場面がある。
その際「上が言うから」は理由にならない。
説明できないことを依頼されても校長は困ってしまう。

校長に説明する責任

教育委員会として学校現場に依頼することは多々あります。校長会を開いて「教育委員会としてこういう事業を立ち上げた。学校現場でぜひこの取組をしてほしい」と教育委員会から指導主事が説明に行きます。

従前からの事業や新規事業，肝いりの事業など様々な事業があります。学校においては自校の課題に即して教育委員会の事業に取り組んでいきます。

時に，「教育委員会としては目玉の事業だけど，学校現場としては実施は極めて難しい」という事業もあります。

「総論は賛成だが，なぜ本校が対象なのか」という事案もあります。

「いや，これは委員会としてぜひとも実施してもらわないと困る」「いやいや学校現場にはそんな余裕はない，時間も人もない，無理無理」といった場面もあります。

校長にとって教育委員会は上司に当たるから，教育委員会から言われたことは何でも従うべき。そう考えて指導主事が上から目線で「実施していただかないと困ります」ではいけません。

校長は学校現場を預かる責任者です。**指導主事は校長の立場を尊重し，校長に理解していただき，納得していただくように丁寧な説明が必要**です。それが指導主事の仕事です。

校長は学校へ戻れば今度は教職員に説明をしなければなりません。教職員に事業の説明をして，具体的な取組の指示をする必要があります。指導主事から聞いた説明を今度は校長の口から教職員に説明するのです。教職員が理解し，納得できるように説明をしなければなりません。

指導主事が説明に窮して「上からの指示ですから，これで取り組んでいただかないと困ります」などと言ったとして，校長は教職員に対して「教育委員会が言うから仕方ないので」などという理由を教職員に言えるでしょうか。それで教職員は納得するでしょうか。教職員は汗をかいて取り組んでくれるでしょうか。

職員団体は不満をぶつけてくるでしょう。校長は矢面に立ち，頭を下げて教職員に頼むことになります。そんなことを校長にさせるわけにはいきません。教職員も教育委員会に対して不信感を抱くだけです。とても信頼できる教育委員会にはなりません。

☑ 校長が納得できる説明を

校長は学校に帰って教職員に説明をします。そのときに教職員が納得するような説明を指導主事が校長にしないといけません。

命令で人は動きません。大人ですから，動くかもしれませんが，心はこもりません。**人は納得しないといい仕事をしようという気持ちになりません。**

校長は学校で教職員に説明しないといけません。そのためにはまず校長が納得することが必要です。校長のために理屈を考え，みんなが納得する説明を考えるのです。難しいことですが，それを考えるのも指導主事の仕事です。

校長は学校で説明をする立場。その校長自身が納得できないことを依頼するのは無理がある。校長が納得できてこそ，教職員にも胸を張って説明ができる。まずは校長が納得できるような説明をしよう。

43 校長の依頼には誠実に対応する

校長から難しい依頼が来ることがあるが，杓子定規に木で鼻を括ったような対応をしてはいけない。上司に直接頼めるところをあえて指導主事に依頼していると理解しよう。

校長の依頼の背景

校長が指導主事に頼み事をしてくることがあります。指導主事は校長の依頼を受けて規定や要項，予算等を調べます。調べてみるとできない内容です。

そんなとき，「それはできません」とひと言で断る指導主事がいますが，よく考えてみましょう。

校長は学校運営のプロですし，経験も豊富です。教育委員会経験者も少なくありません。それに対して指導主事は教員経験しかなく，学校運営については詳しく知りません。まして新任指導主事なら，ついこの間まで一教員です。学校現場では校長と対等に話をすることもできなかったはずです。それでも校長は，指導主事に敬意を表してお願いに来ているのです。

規定等を見たら通常はできないことを校長もわかっていますし，**その気になれば校長は直接上司にお願いすることもできる**のです。それをあえて担当窓口にお願いや相談に来ているわけです。そういった背景をきちんと理解しておきましょう。

校長が課長などの上司に直接お願いに行くことを「空爆」と称することがあります。空爆とは空から地上への攻撃ですが，国境や海岸線などの地上で担当である指導主事ががんばっているのに，それを飛び越えて直接上司のところへ行き，頼み込んでしまうということです。これでは担当である指導主事はやる気をなくしてしまいます。
　例えば，予算配分。一定の予算を各学校に振り分ける場合，指導主事は校長の要望を聞きながら不公平感がないように苦労して予算配分を行います。そこにある校長が「こんなことをしたいからもっと予算がほしい」と要望してきます。しかし，その通りにすると他の学校から不満が出るので，必死に知恵を絞り説得しようとします。そんなことをしている横を，他の校長が課長席まで行き，課長に予算の増額をお願いします。課長もそれを了解し，「ここの学校の予算の増額を頼む」と言われたらどうでしょうか。
　校長も，こういった依頼の仕方は担当者に失礼であると心得ているので，まずは担当者に依頼に来ているのです。そんな背景を踏まえて，校長には敬意を表して丁寧に話を聞きましょう。

汗をかくことで誠意を示す

　もちろん，できないこともあります。校長もそれはわかっています。できないとわかっているけど，何とかできないかという相談です。それを杓子定規に「できません」と言ってしまったら，校長も立つ瀬がありませんから，親身に相談に乗りましょう。どうしてもできなければ，上司に相談します。相談すればできることもあるのです。
　懸命に方法を模索することが，校長に対する誠意です。**そこで汗をかくことで，できなかった場合でもこちらの誠意が伝わり，信頼関係につながっていきます。**

校長の依頼は真摯に受け止めよう。
できない相談も相談してくれることに感謝しつつ模索してみる。
それでもだめなら上司に相談してみよう。

第5章

関係機関との連携の心得

Chapter 5

44 校長会には周到な準備で臨む

校長会に出席して説明や依頼等を行うことがある。
予想質問に対する用意とともに，所属部署の動きも勉強しておきたい。原稿の棒読み，質問の持ち帰りでは信頼されない。

校長会に臨む

校長会での事業説明や依頼等は，指導主事にとって緊張する仕事です。新任指導主事が一人で行くことはありませんが，ベテランになっても校長会は緊張するものです。何人もの校長が自分の発言に注目するわけですし，教育委員会事務局の先輩校長も少なくありません。簡単な事務連絡ならまだしも，新規事業や難しい依頼など，一筋縄でいかないものも多くあります。そもそも簡単なことなら文書で十分で，**文書だけでは趣旨がわかりにくかったり，難しい依頼だったりするからこそ，校長会に足を運んで頭を下げてお願いする**のです。校長に納得していただくためには周到な準備が必要です。

読み原稿

まずは，読み原稿を作成することです。

校長は忙しい立場です。そもそも校長会では自分たちの議事があります。その場を借りて教育委員会からの連絡依頼を行うわけですから，できるだけ簡潔に要領よく話をしないといけません。そのためには，読み原稿をつくっておくことです。読み原稿をつくることは自分自身の勉強にもなります。新規事業や依頼事項の要点をまとめ，わかりやすく説明するために推敲していくことで，その事業の内容や要点，課題等をしっかりと覚え込むことができます。

また，校長会で何を話したかを記録として残すことができます。これは後々「聞いてない」「いや言いました」といったトラブルが起きたとき，「校長会でこのようにお話をさせていただいた」という証拠になります。校長会も職員会議も，説明した事柄を聞き逃し，後になって「聞いてない！」ということはよくあることです。

ただし，原稿の棒読みは熱意が伝わりません。**暗記までしなくてもよいですが，気持ちは込めて伝えましょう。**

Q＆A

校長会では質問されることもよくあります。事前に想定される質問については答えを準備しておきましょう。その場で適当に答えられるだろうと思って油断していると，想定外の質問が出てきて狼狽します。すると，想定内の質問すら焦ってうまく答えられなくなります。そのような態度は校長を不安にさせます。Q＆Aをつくることで伝えたい内容を熟知できるのです。難しいQ＆Aは事前に上司に見てもらいましょう。それでこそ胸を張って回答することができます。

また，**想定外の質問についての即答は控えましょう。**個人の回答ではなく教育委員会の回答になりますから，慎重になるべきです。難しい場合は「追って回答いたします」と言って持ち帰りましょう。いい加減な回答をして後で修正するようになれば，信頼を損ねます。ただし，何を聞かれても「わからないので持ち帰ります」では信頼されなくなります。

校長会には敬意を表し，周到に準備して臨もう。
読み原稿とQ＆A，そして所属部署の主な動きも勉強しておこう。
発言は慎重に。すべて教育委員会の発言となる。

45 マスコミ対応は慎重の上にも慎重を期する

マスコミの発信力はとても大きいもの。
よいことも悪いこともすぐに伝わる。
マスコミ対応にはくれぐれも慎重な言動が求められる。

発言に注意

記者会見や取材など，マスコミ対応の場面がありますが，よいニュースであれ悪いニュースであれ，慎重に対応しましょう。

まず，悪いニュースの場合，教育委員会は守りに入ることが多く，言葉を選んで慎重に発言します。マスコミは少しでも本音を聞き出そうとあの手この手で質問してきます。教育委員会の発言をそのまま記事にしてくれればよいのですが，時に発言の一部が切り取られて記事になることがあります。確かにそのような発言はしたものの，**実際にはその前後の文脈があるのですが，その部分は記事にならず，記事を読んだ人に誤解を与えてしまうような場合があります。**字数制限があるので，記者も教育委員会の思いの一部しか記事にできなかったりします。そのことを踏まえて慎重に発言することが必要です。

よいニュースの場合，発言する方はぜひとも記事にしてほしい，報道してほしいと思っていますから，ついつい饒舌になります。しかし，ここでも気をつけないと，余計なひと言を発してしまうことがあります。まだ公表していない新規施策の話であったり，人を不快にさせるような冗談であったり，余計なひと言にマスコミは敏感です。**悪いニュースのときは自然と慎重に言葉を選びますが，よいニュースのときは脇が甘くなり慎重さに欠けてしまい**

やすいので注意しましょう。

また，記者会見では事前にQ＆Aを作成し，周到な準備をしますが，突然の取材については準備ができていないことが多いので注意が必要です。言ってよいことと悪いことがあります。取材者のペースに乗せられないように落ち着いて冷静に対応する必要があります。

映像は特に慎重に

マスコミの中で，テレビ等，映像媒体の取材にはさらに慎重さが求められます。特に悪いニュースの場合です。謝罪会見をする場合，入室の段階から緊張感をもっていなければなりません。そして，終始真摯に会見に向き合い，最後の退出の瞬間まで気を抜かないことです。**途中，取材側が場を和ませようと冗談的な発言をされても，絶対に愛想笑いなどをしないことです。**少しでも気を緩めて微笑んだりすると，その場面を報道され，「謝罪会見なのに笑うとはどういうことか」と非難されることになります。

もちろん，重大な謝罪会見ではそのようなことはあり得ませんが，同情の余地がある場合や，教育委員会が直接関わっていない場合でも，謝罪しないといけない会見では，一瞬たりとも絶対に気を抜かないことです。

身だしなみ等，非言語メッセージにも気をつけましょう。謝罪会見であれば謝罪にふさわしい姿格好で記者会見に臨むことも大切です。要はそのことをどれだけ重く受け止めているかが問われるのです。

マスコミの発信力は大きい。だからこそ，マスコミ対応は慎重さが求められる。悪いニュースだけでなく，よいニュースのときも，脇が甘くならないように注意したい。

46 議会対応は是々非々で行う

議会議員は住民の代表。議員の要望は住民の要望。
謙虚に耳を傾けて，聞くべきは聞き，できないことはできないと是々非々で対応しよう。

議会議員の立場

議会議員は住民から選ばれた代表です。その議員から要望を受けることはよくあることです。子どもが増えて過密になっているから新しい学校を設置してほしい，学校のトイレが古くなっているから新しくしてほしい，子どもの通学路の交通量が多く安全に問題があるが何とかならないか，引っ越しをしたが子どもが学校を変わりたくないと言っているので転校せずにそのまま通学できないか，○○先生の授業がわかりにくい，△△さんがいじめられているとのことだが…，などなど，様々な要望や問い合わせがあります。教育制度の根幹の話から首長部局で検討すべきこと，また学校で対応すべきものから個人的な問題まで，本当に様々です。

保護者や地域の人々が困ったことがあると議員に相談に行き，議員から教育委員会に問い合わせや要望があるということです。

議員も大変です。教育のことだけではありません。様々な相談や依頼を受けます。でも議員は何もかもそのまま担当の部署に相談や依頼に行くわけではありません。住民とよく話をする中で，その段階で対応できることや解決できることはすでにされています。教育委員会に問い合わせてみないとわからないこと，教育委員会に依頼しておく必要があること，そういうものについて教育委員会に話が来るのです。そのことは踏まえておきましょう。

是々非々の対応を

議員からの相談や依頼は，住民の代表からの相談や依頼です。議員の要望については謙虚に受け止め，真摯に対応することです。

学校の設置や統合など大きな話についてはすぐにできることではありませんし，政策の話は首長部局との話し合いも必要です。一議員個人の要望では動きにくく，会派や議会からの要望にしていただくべき内容もあります。このような場合には，要望を受け止めながらも現状を伝え，今後の検討の参考にすることでご理解いただくことです。

学校に対する苦情については，学校側に伝えてよく話をし，解決に向けて努力していく旨を伝えるとよいでしょう。

中には，卒業単位が足りないが校長の裁量で何とかならないか，病気で入院して出席日数が足りなくなったが何とかならないか，といった個人的な要望があるかもしれません。そのような場合，学校の対応を確認し，それに問題がなければ，残念ながら配慮はできない旨を伝えることになります。

住民の代表である議員から，校長の裁量次第の温情を求める依頼があった場合，心を動かされそうになることもあるかもしれません。しかし，そこは是々非々の対応が求められます。**たとえ議員団の中で重職を担う議員からの依頼であったとしても是は是，非は非，そこは公務員の根本**です。全体の奉仕者として公共の利益のために仕事をしてください。議員も特別職の公務員です。是々非々の対応を理解し，依頼者である住民にきちんと説明してくれるはずです。

議員は住民の代表。議員からの依頼は謙虚に真摯に対応しよう。できることはしっかり取り組むとともに，できないことは丁寧にお断りをする，是々非々の対応が求められる。

47 首長部局との予算折衝では成果を数値で示す工夫をする

予算編成は委員会内部よりも首長部局の納得・理解が重要。
そのためには，目に見える成果，そして成果の数値化を。
時間がかかる教育の成果をいかに数値化するかがポイント。

予算編成

秋が深くなると，継続事業や新規事業，重点事業や目玉の事業などなど，次年度予算の編成が始まります。指導主事も担当事業の予算案を作成します。

教育という営みは，新しいことを実施したからといって，その成果が一朝一夕にあらわれるものではありません。子どもたちが成長する中で，少しずつ教育の効果が出てきます。そこが難しいところです。

首長部局との予算折衝では**「この事業を行えば来年度どのような成果が期待できるのですか？　具体的に示してください」**と尋ねられます。

「来年度？　いや，教育施策の効果が出るには数年かかります。でもこの取組で，これからの変化の激しい時代をたくましく生きる力が子どもたちの身につきます」「数年先にならないとわからないことに予算をつけるのですか？　生きる力が身についたかどうか，どうやって測定するのですか？」「測定は難しいですが，生きる力は必ず身につきます」「何か数値目標はあるのですか？」「数値目標？　生きる力がついたかどうかを数値で表すような指標はないです」…と，防戦一方になってしまいがちです。

目に見える成果を

予算は税金で賄われます。国の交付税や自治体の税金の使途として事業化されたものに予算がつきます。したがって，指導主事が作成する予算案も住民が支払った税金を使って事業を行うわけですから，最終的には住民に説明できるものでないといけません。首長部局もそこを問うているのです。

無駄なものや効果や成果が期待できないものには予算を使わないというのは，当たり前の話です。

首長部局の予算担当者に納得してもらえるということは，住民にも納得してもらえるということです。先に示した，指導主事が厳しく質問された内容は，次に首長部局の担当者が住民から質問される内容なのです。

どの予算案も，一つひとつの内容についてきちんと積算根拠を示すことができなければ，説明責任は果たせません。住民にしっかりと説明できる予算案でなければいけません。だからこそ目に見える成果が求められるのです。

成果は数値で見せる

最もわかりやすい成果は数値です。できるだけ数値で示す工夫をしましょう。

学力テストや問題行動調査など文科省が行う調査，自治体が行う調査，子どもの実態調査，研修の参加人数，カウンセリングの件数，ICT を活用した授業数，国際交流の実施校数などなど，いろいろな数値があります。

担当事業に関連する数値をうまく色づけして，「現状の数値が来年度はこのように増加する見込みです」「昨年度比でこれだけの数のニーズがあるので増額が必要です」と，**成果や必要性が見えるように工夫しましょう。**

首長部局への予算要求では教育の成果や必要性を目に見える形で示すことが重要になる。わかりやすい指標は数字。事業に係る指標を数値化し，その変化を示すことで目に見える形にしよう。

48 各種団体には誠意をもって対応する

CHECK
指導主事が対応する様々な団体。
それぞれの団体が思いをもっている。
その思いを真摯に受け止めながら是々非々で付き合おう。

教職員団体

教職員団体は，現場の教職員で構成される団体です。

教職員の処遇改善や給与など，多くの交渉も行われます。考え方等の違いによっていくつかの団体があるので，まずは本自治体にいくつの団体があるのかも，しっかりと把握しておきましょう。

教職員団体とは，交渉する場面があります。**交渉となるとつい構えてしまいがちですが，まずは教職員団体の思いを真摯に受け止めること**です。

交渉で，教職員団体はいくつかの要望をし，回答を求めます。実現可能なものもあれば不可能なものもあります。事前に要望書は見ていますし，教育委員会内でも調整しますから，回答がぶれることはないのですが，その回答の仕方，伝え方を誠実に行いましょう。

自分も学校現場にいたわけですから，現場の教職員の思いは理解できると思います。**実現不可能なものも，無下に「できません」と言い放つのではなく，思いやりの気持ちをもって答えること**です。

忙しい中，遠いところから交渉のために出てきているのです。現場の苦労をわかってもらおうと訴えに来ているのです。その気持ちを真摯に受け止めて，誠実に回答してください。

平素から子どもたちのために汗をかいてくれていることに感謝の意を伝え，

要望の内容について事情も含めて理解を示し，何とかしたいけれど，それでも申し訳ないが…と，理由も示しながら実現できないことを伝えましょう。それでも何とかならないかと言われることはありますが，誠実に頭を下げて回答するしかありません。

筆者は過去に「できません」と言い放って痛い思いをしたことがあります。相手も「実現は無理だろうと思っている。でも，現場のこの思いをわかってほしい。なのに，その言い方はなんだ」と追及されました。

各種団体とのお付き合い

教職員団体の他にも様々な団体がありますが，どの団体も熱い思いをもっています。どの団体も，相手の思いを聞くと共感するところは多くあります。交渉時はお互いがお互いの立場で話をするので，ついつい構えてしまいます。だからこそ，**平素から付き合いをして，理解し合うことが大切**です。

小さなことでも，仕事で関係することがあれば，足を運んで情報提供をする。そうすれば，お茶を出してくれ，世間話もできます。教育談義もできます。一度ゆっくりご飯でも食べに行きますか，と関係づくりをすることはとても有効です。人間関係ができ，信頼関係ができてくると，団体の思いも汲みながら仕事を進めていくことができます。

失敗やミスも出たときも，関係ができていると，比較的早く修復できます。団体の方々も「子どもたちのために」と，目指すものは変わりません。「ともに子どもたちのためにがんばっているんだ」という気持ちをもって，誠実に付き合っていきましょう。

各種団体にはそれぞれの熱い思いがある。その思いを真摯に受け止めること。そして，その思いを大事にして，誠実に向き合うこと。平素から話をし，信頼関係の構築に努めよう。

第6章

日々の業務の心得

Chapter 6

49 目配り，気配り，心配りを忘れない

CHECK 指導主事はただでさえ現場からは一目おかれる存在。
だからこそ謙虚に。常に周囲に目を配り，気を配り，心を配っていないと傲慢に映ります。

目を配る

チームで仕事をする中では，お互いが助け合うことでよい仕事ができていきます。常に周囲の仕事ぶりにも目を配りましょう。

他の職員の電話内容や仕事の会話にも耳を傾けながら仕事をする。上司の動きにも目を配りながら仕事をする。必要なことがあればすぐに助け船を出しましょう。

出張中の職員にも目を配り，机上の小さなメモにも目を配る。お節介と感じるかもしれませんが，慣れてしまえば何ということはありません。お互いが仕事をカバーするためです。**お互いが目を配りながら仕事を進めていけばすきまもなくなり，よい仕事ができる**のです。

気を配る

電話をしている職員がメモ用紙を探していたらすぐに差し出してあげる。来客と複雑な話をしている職員がいたらお茶を出してあげる。他の部署へ用事で行くときはついでに用がないか周囲に聞いてみる。コピー用紙が少なくなったと思えば，次の人のために用紙を補充しておく。出張で遠出をしたら部屋にお土産を買って帰る。**みんながちょっとしたことに気を配ることで，とても快適な，よい雰囲気の職場になります。**

心を配る

電話は，不快な音を聞かせないように，相手が切ってから受話器を置きましょう。いくら丁寧に話しても，ガチャンと大きな音で切れば興ざめです。

来客や研修会の講師が到着するときは，少し早めに迎えに出ましょう。また用件が終わり，帰るときは相手の姿が見えなくなるまで見送りましょう。相手が最後の別れ際にこちらを振り返ることがありますが，そのときお辞儀をすると，とても丁寧でよい印象が残ります。別れ際の印象はとても大切です。なぜなら，**別れ際の印象は後で修正できないから**です。出会いの印象は，仮に失礼な印象を与えてしまったとしても，その後の話や対応によって修正することができますが，別れ際の印象は修正する機会がなく，そのまま残ってしまいます。別れ際の印象については特に気をつけたいものです。

会議の準備では，以下のように心を配ります。

- 資料は次第から使用順に並べる（ダブルクリップでとめるのもよい）。
- 罫紙は一番下に罫紙とわかるように少しずらしておく。
- 筆記用具は鉛筆，赤鉛筆，蛍光ペン，消しゴムをそろえて並べる。
- 飲み物のラベルは正面を向けておく。

ここまでしなくても問題はありません。しかし，ここまでしておくと印象は断然よくなります。**丁寧な仕事をしているという印象から，教育委員会の仕事の質の高さを感じてもらえる**のです。

目配り，気配り，心配りを忘れない。
小さなことでも，目配り，気配り，心配りの積み重ねが，教育委員会の信頼構築の一助になる。

50 発言内容には細心の注意を払う

指導主事はあいさつをする場面が多くある。
場を和ませるための冗談やウィットに富んだ話は効果大。
しかし，くれぐれも発言内容には気をつけよう。

いったん口から出た言葉は戻せない

どんなにがんばっても，いったん口から出た言葉は，再び口に戻すことはできません。

それが言葉の重みです。

事前に原稿を

研究協議会や懇親会など，指導主事は人前であいさつをする機会が多くあります。

その際，軽いジョークを取り入れて場を和ませることは，参加者との距離を縮めたり，自分の人柄に親しみをもってもらうためにもぜひ取り入れたいものです。ただし，発言内容には気をつけましょう。時にジョークで余計なひと言を発し，それが原因で辞職に追い込まれる政治家もいます。立場のある人ほど，発言には気をつかう必要があるのです。

あいさつをすることが事前にわかっているときは，ジョークを取り入れるなら**ジョークも含めて話す内容を考え，原稿を作成しておきましょう。**

懇親会などのあいさつは突然指名されることがあります。急なあいさつでも堂々とあいさつができ，軽いジョークで場を和ませることができればすてきな指導主事という印象をもっていただけます。

そのためには，**あいさつをさせられる可能性を予測し，簡単でよいので，あいさつの内容を考えておくこと**です。そうすれば臆することなく堂々とあいさつができます。

失言

失言にはくれぐれも注意しましょう。

多いのは聞く人を不快にさせる内容です。ジョークはだれが聞いても笑える内容であることがマナーです。その話を聞いて不快に思う人がいないかどうかを考えてください。**その場にいる人だけでなく，そのご家族のことまで考えなくてはいけません。**

政治や宗教など，思想信条に関することもタブーです。国公立学校においては，政治教育も宗教教育もしてはいけないのです。うっかり特定の団体のことを話題にしないことです。教育は中立なのです。

最近は簡単に録音できますから，あいさつも録音されることが少なくありません。録音されているかもしれないという意識ももっておきましょう。

また，お酒の席も気をつけましょう。「酒入舌出」という言葉があります。**お酒が入ると饒舌になり，失言する恐れがある**ということです。ついついしゃべりすぎて人の悪口を言う，まだ公表していない情報を漏らす，調子に乗ってセクハラ，アルハラ，パワハラをする…，すべて厳禁です。

人権に対する意識を高くもち，守秘義務を意識することで失言の多くは防ぐことができます。

当たり前のことですが，改めて口から発する言葉の重みを認識しましょう。

いったん口から出た言葉は元には戻らない。できるだけ，事前に発言する内容を考えておこう。人権感覚と守秘義務意識をもち，思想信条に関することは発言しないようにしよう。酒席も要注意。

51 苦情対応はまず傾聴する

苦情対応は指導主事の重要な仕事。
苦情を訴える人の気持ちに寄り添って話を聞こう。
誠実に対応すれば大方は解決する。

まずは傾聴

苦情を訴える人の話は，真摯に耳を傾け，丁寧に聞きましょう。傾聴です。

相手もまずは話を聞いてほしいと思っています。それを途中で遮って「いや，それはこうです」と反論したり，弁明したりするのはいけません。相手の気分を害するだけです。**反論したいことがあっても，まずはひと通り話を聞きましょう。**

その際，うなずく，相づちを打つなど相手の気持ちを推し量りながら聞きましょう。**自然で落ち着いたテンポで心を込めてうなずき，相づちを打つことで，相手も聞いてくれていると感じ，落ち着いて話をするようになります。**

また，**繰り返しや言い換え，要約をしながら相手が伝えたかったことを確認しましょう。**相手も理解してくれているということで安堵感につながりますし，違っていたら改めて傾聴することですれ違いを防ぐことができます。

最初から興奮しているような場合は，お茶を出したり，「わざわざお越しいただき申し訳ないです」などの言葉かけをして，相手の気持ちをほぐしながら話を聞きましょう。

非言語メッセージも大切です。聞く態度も意識しましょう。腕を組んだり，足を組んだりするのはいけません。表情，視線，姿勢，動作，声のトーン，こうした非言語メッセージによって，真摯に向き合ってくれているかどうかが相手に伝わります。

そして，**「時間はかかる」と思っていましょう。**「早く帰ってほしい」と思うと，その気持ちが表情や態度など非言語メッセージに出てしまいます。時間と心にゆとりをもち，相手の話を丁寧に聞くことで，相手もこちらの話をきちんと聞いてくれるようになるのです。

丁寧な説明を

傾聴し，相手が拳を下ろし，ようやく話を聞いてくれるようになれば，そこから丁寧に説明をします。明らかにこちらに非があるときはきちんと謝罪しますが，詳しく調べてみないとわからないことも多いので，「ご心配をおかけして申し訳ありません」と限定的に謝罪をしたうえで上司にも報告し，対応する旨を伝えます。

苦情によっては要望も多くありますが，できることとできないことがあります。学校と連携することも多くあり，いろいろな事情や背景があります。**決して自分で勝手に判断し，事を進めない**ことです。

わかる言葉で

説明の中では，教育用語や略語を多用しないように気をつけましょう。多くの場合，相手は教育関係者ではありませんから，教育課程，履修といった教育用語に慣れていません。また，特活，学活といった略語も使いません。**こうした用語を多用すると，相手は自分が低く見られているように感じ，印象が悪くなります。**相手にわかる言葉で説明することも誠実な対応です。

苦情対応は相手の思いを謙虚に受け止める姿勢が必要。
相手の気持ちに寄り添いながら真摯に傾聴し，誠実に対応すれば，多くは解決を図ることができる。

52 酒に飲まれない

指導主事は懇親会等の宴席に呼ばれることが多くある。
また仕事関係でも多くの方々とお酒の付き合いがある。
公私混同することなく，節度を保ってお付き合いしよう。

宴席には参加しよう

教員時代の宴席と言えば，歓送迎会や忘年会，体育祭や音楽会等の行事の打ち上げなど，そう多くはなかったと思います。

教育委員会では，職場の歓送迎会や忘年会，打ち上げ等はもちろんですが，他にも校長会，教育長会，担当者会，首長部局，各種団体等，多くの関係者との懇親会がありますし，職場の同僚との帰りがけの一杯なども含めると，結構な数でお酒の場があるものです。

お酒が好きな人，まったく飲めない人，指導主事も様々でしょうが，こうした懇親の場はお誘いがあればできるだけ参加するのが望ましいと思います。

もちろん自費ですから，何でもというわけにはいかないですが，こうした懇親の場での付き合いは，仕事を進めるための潤滑油になるものです。酒席は人間関係の構築に寄与し，お酒の場で関係ができてくると，仕事上の無理も言いやすくなります。もちろん，人間関係で仕事ができたりできなかったりするのはおかしいことですし，きちんと誠実に仕事をしていれば無理も聞いてくれるものです。だからといって「宴席は不要，お金もかかるしお酒も飲めないからお断りします」というのはもったいないことです。

懇親の場ですから，平素聞くことのできない話を聞くことができますし，校長などの人となりも知ることができます。管理職の心得や仕事の進め方など貴重な話を聞くこともできます。そんな勉強の場と捉えると，とてもためになるものです。

酒に飲まれない

一方で，過ぎたるは及ばざるが如しで，調子に乗って飲み過ぎて失態を演じる，いらぬ事を口にする，無礼な振る舞いをする…などなど，自分自身をおとしめるような行為は厳禁です。お酒が苦手で酔いつぶれて迷惑をかけることもいけません。自分の適量を自覚し，ほどほどにしておかないと失敗します。

それでもお酒の場で上司や校長から杯を勧められたり，先輩から強引に勧められたりすることもあります。上司や校長からの勧めを断るのは失礼だし，先輩は厳しいから断り切れないから…と，そのたびに飲んでいてはつぶれてしまいます。

今の時代は，強引な勧めはアルコールハラスメントになるので，無理矢理勧められることはないでしょうし，自分で「もう飲めません」と断ることもできます。とにかく無理はしないことです。身体を壊してはいけません。

飲み過ぎて失敗するのはその場だけではありません。**家に帰る道中も気をつけないといけません。**宴席の帰り道に鞄をなくした，痴漢と間違えられた，倒れて大けがをしたといったことが実際に起こっています。

くれぐれもアルコールで失敗しないよう自覚しましょう。

お酒の場は人間関係構築の場であり，学びの場でもある。
同時に，失態を演じるリスクもあることを肝に銘じよう。
酒は飲んでも飲まれるな。

53 危機管理は，未然防止と危機対応の二軸で万全を期する

危機管理は未然防止が一番。対岸の火事を他山の石とすること。
万が一事が起こっても，慌てず正確な情報を上司に報告しよう。
自分に非があっても，逃げるな・隠すな・うそつくな。

他山の石ファイル

教育委員会にいると，様々な事案を耳にします。管内の学校での事案や教育委員会内の事案，また，他の自治体で起こる事案も聞こえてきます。

こうした事案を，「自分には関係なくてよかった」と対岸の火事，他人事とするのではなく，「自分がその担当だとしたらどうするだろうか。未然防止のため何をしておけばよかったのだろうか。再発防止のためには何をすればよいのだろうか」と考えてみることです。**こうしたシミュレーションを積み重ねていくことで，未然防止や危機対応の力がついていきます。**

また，大事な事案や気になる事案については，新聞等で報道された内容をファイルに綴じておくことも有効です。事後対応，教育委員会のコメント，再発防止策等，これはと思うものを綴じておきます。他山の石とするためのファイルです。立派なものは必要ありません。記事をコピーして，またはそのまま綴じておくだけの簡単なものでよいのです。そうしないと，なかなか続かないものです。

人は，時が過ぎれば忘れていきます。大事件があっても，そのときにどのような対応をしたか，教訓は何だったか，次第に忘れていきます。そうならないために，危機事案を集めたファイルをつくっておきましょう。

逃げるな・隠すな・うそつくな

危機対応は上司の指示に基づいて行います。指導主事の仕事は，正確な情報を上司に報告することです。まずは第一報を上げ，その後落ち着いて詳細を把握します。上司もまだ全体像が見えていませんから，第二報以降は状況を整理して上司が判断できる材料を提供していきます。決して独断で動いてはいけません。今後の対応は上司が的確に判断し，指示してくれるのです。

自分にも非がある場合や，自身のトラブルについては，すぐに正直に報告します。うそをついてはいけません。ごまかしてもいけません。逃げてもいけません。逃げるな・隠すな・うそつくな，です。

自分に非があると，どうしても隠したくなります。叱責される，責任を問われる，能力がないと思われる，異動させられる…などなど，いろいろなことが頭に浮かび，つい言いそびれてしまいがちです。

しかし，起こったことは仕方のないことです。元に戻すことはできません。大事なのは，そこから後です。被害を最小限に食い止めることです。

そのためには，スピード感をもった誠実な対応が求められますが，そこは上司の仕事になります。上司に正直に報告することで，上司も正しい判断ができるのです。うその報告や都合の悪いことを隠した報告に基づく判断は二次被害を誘発します。そうなれば，被害は拡大し，あなたの責任はさらに重くなります。

たとえ自分に非があっても，あなたの仕事は上司に正確な情報を提供することなのです。

対岸の火事を他山の石とするため危機事案のファイルをつくろう。
もしも事が起きれば，上司に正しい情報を提供する。
自分に非があるときも，仕事は上司に正確な情報を提供すること。

54 将来取り組みたいことを探し，蓄え，温めておく

指導主事の多くは，将来学校の管理職になる。
そのときのために，取り組んでみたいことを探し，蓄え，温めておこう。

管理職になったら

指導主事は将来学校現場に出ることが多く，ほとんどが管理職になります。そして，校長になる人も多くいます。

管理職を目指して指導主事の仕事をするのは本末転倒ですが，いつか管理職になるとしたら，そのときにこんなことをしてみたいというものがあれば，忘れずメモをして，温めておくとよいでしょう。

いざ，管理職になったときに，「さて何をすればよいかな」といろいろ考えても，簡単に出てくるものではありません。**今の立場は，多くの管理職と話をし，多くの学校を訪問する機会がある**のです。その貴重な機会を大切にしましょう。「自分が将来管理職になったら，これはやってみたいな」と思うことを蓄え，温めておくことは，むだにはなりません。

筆者のおすすめを２つ紹介します。

校長通信

筆者が校長になってすぐに取り組んだのは校長通信です。週に１，２回教職員向けに発行し，学校の話題や子どもの活躍，教育の動きなどを情報提供します。情報の共有とともに学校の小さなニュースも取り上げ，教職員間で共有することで，仲間意識も醸成されます。

汗をかいて通信を作成することは，校長への信頼にもつながります。また，自分自身も記事のネタを探すことで学校がよく見え，教育への関心も高くなります。校長の思いを文書にして伝えることもできます。

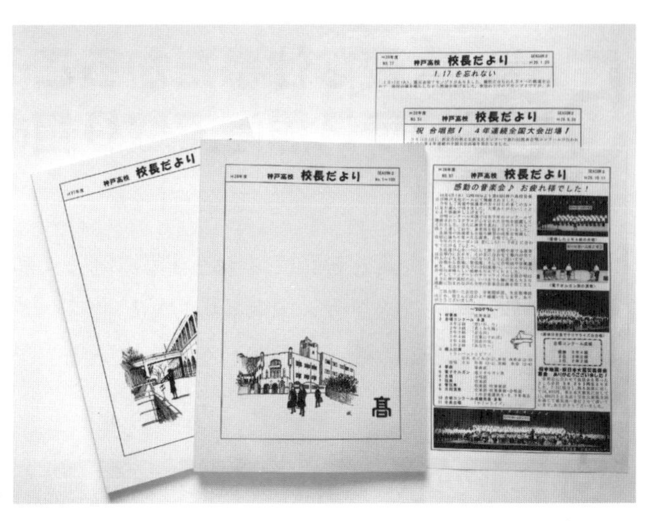

記録にもなりますから，次年度以降も前の分を見返しながら取り組むことができます。**校長通信は教職員との距離を縮めてくれ，学校運営の一助としてとても有効**です。

子どもたちとの面談

最上級学年の子どもたちと校長室で面談をします。昼休みと放課後を使い１人15分の個人面談です。筆者は高校の校長だったので，進路実現の応援を兼ねて話をしていました。ほとんどが校長室ははじめてで，最初は緊張気味ですが，すぐに和やかに話をしてくれます。子どもたちの思いを直接聞くことができるのはとてもよかったです。**卒業式で卒業証書を渡す際，一度言葉を交わしていることから，「おめでとう」の言葉にも心がこもります。**

指導主事はいつかは学校現場に戻り，多くは管理職になる。そのときに取り組んでみたいことを，今のうちに探して，蓄え，温めておこう。１年目からすぐに取り組むことができる。

55 大変な仕事だからこそプラス思考で取り組む

どんなに大変でも顔には出さず常に明るく前向きに。
ポジティブにプラス思考で取り組めばすべては自身の肥やし。
苦労は感動の種，いつか必ず大きな感動の花が咲く。

感動の種

指導主事の仕事は大変です。学校現場では先生として子どもたちに慕われ，保護者から信頼され，同僚から頼りにされ，やりがいを感じ，とても充実感にあふれる教員生活を送っていたと思います。

しかし，指導主事になったとたん，右も左もわからず右往左往。言われたことも満足にできず，目の前の電話が鳴らないよう祈る毎日。テキパキ要領よく仕事を進める先輩に比べて自分は周囲に迷惑をかけてばかり。自信がない，やっぱり教育委員会は自分には向いていない，と後悔の日々が続きます。

でも，それはみんなが通ってきた道です。最初から一人前の指導主事はいません。指導主事になるべく努力したから指導主事になっているのです。

要は気持ちのもち方です。そのことは，あなたが教員であったときに子どもたちにいつも語ってきたことです。思い出してみてください。

「辛いことや悲しいことがあっても，止まない雨はない，明けない夜はない。必ず光が見えてくる。それまで少し耐えてみよう。

苦しいことや困難なことがあったときも，歯を食いしばってがんばってみよう。苦労は感動の種，この困難を乗り越えたときに大きな感動があるよ」

次はあなたの番です。子どもたちに投げかけた言葉を自身に投げかけてください。もう少しがんばれば，きっと大きな感動に変わっていくはずです。

それでもどうしても無理な場合は，どうすればよいか。これも，子どもたちにかけていた言葉と同じです。「無理はしなくてもいいよ」。学校現場に帰り，先生に戻ればよいのです。

プラス思考

1つの事柄をどのように受け止めるか。それによって歩む方向も変わっていきます。事務局で仕事をしていると，理不尽なこともよくあります。そういったとき，「なぜ自分だけ？　やってられない」と不満を抱えながら仕事をするのではなく，「仕方ない。いろんな人がいるし，みんなそれぞれ事情や思いはあるんだから。この仕事をすればその分力がつくんだ。もう少しがんばってみよう」とプラス思考で前向きに取り組む人は多くを学んでいきます。仕事とともに要領も覚え，人の気持ちを理解するとともに接し方も覚え，寛容になって心が広くなっていきます。常に前向きに取り組む人は，周囲からも好かれ，人が集まってきます。

不満ばかり口にする人は，与えられた仕事も嫌々取り組みます。やらされ感で仕事をしてもやる気は出ないし，いい仕事はできず，人に対する不満が募ります。周囲に対する不満の種が増えていき，精神的にも充実感や達成感は生まれません。不満ばかり口にする人は，周囲も敬遠するようになります。

どうせ仕事をするのなら，嫌々取り組むのではなく，前向きに取り組みましょう。やらされ感でするのではなく，意欲的に取り組んでみましょう。**前向きに取り組めば，充実感や達成感が生まれます。**

いつも明るく，前向きにポジティブ思考で取り組んでみましょう。

**苦労は感動の種，苦労が大きいほど感動は大きくなる。
そして，プラス思考で前向きに取り組むことでいい仕事ができ，充実感や達成感が生まれ，ひいては周囲に信頼される人になる。**

【著者紹介】
竹内　弘明（たけうち　ひろあき）
神戸親和大学教育学部教授。
公立中学校教諭，県立高等学校教諭を経て，兵庫県教育委員会へ。高校教育課指導主事，教職員課管理主事，高校教育課長，教育次長などを歴任。県立高等学校長，私立中学高等学校の校長を務め，現職。兵庫県 NIE 推進協議会会長。
長年の管理職経験や管理職の養成・研修経験に基づいて，各種研修会で講師を務めている。

実務が必ずうまくいく
指導主事の仕事術　55の心得

2024年３月初版第１刷刊 ©著　者　竹　内　弘　明
発行者　藤　原　光　政
発行所　明治図書出版株式会社
http://www.meijitosho.co.jp
（企画）矢口郁雄（校正）大内奈々子
〒114-0023　東京都北区滝野川7-46-1
振替00160-5-151318　電話03(5907)6701
ご注文窓口　電話03(5907)6668

＊検印省略　組版所　長野印刷商工株式会社

Printed in Japan　ISBN978-4-18-026022-5